广州珠江游新说

广州市文化广电旅游局——编著

廣東旅游出版社
GUANGDONG TRAVEL & TOURISM PRESS
中国·广州

图书在版编目（CIP）数据

广州珠江游新说 / 广州市文化广电旅游局编著. —广州 : 广东旅游出版社，2020.5

ISBN 978-7-5570-2095-8

Ⅰ. ①广… Ⅱ. ①广… Ⅲ. ①旅游指南—广州 Ⅳ. ①K928.965.1

中国版本图书馆CIP数据核字（2020）第023147号

出 版 人：刘志松
策　　划：广州市文化广电旅游局
责任编辑：官　顺　陈晓芬
图片摄影：陈永善等
封面设计：视觉传达
内文设计：邓传志
手　　绘：Hayako　杨江山
责任校对：李瑞苑
责任技编：冼志良

广州珠江游新说
GUANGZHOU ZHUJIANGYOU XINSHUO

广东旅游出版社出版
（广州市越秀区环市东路338号银政大厦西楼12楼）
联系电话：020-87347732　邮编：510060
广州市岭美文化科技有限公司印刷
（广州市荔湾区花地大道南海南工商贸区A幢）
787毫米×1092毫米　16开　14.75印张　327千字
2020年5月第1版第1次印刷
定价：58.00元

序言

凡是过往，皆为序章，值此新中国成立70周年之际，展望未来，新的广州蓝图正徐徐展开……

2018年10月，习近平总书记在视察广东时，要求广州实现老城市新活力，在综合城市功能、城市文化综合实力、现代服务业、现代化国际化营商环境方面出新出彩。一年以来，广州牢牢扭住粤港澳大湾区建设这个“纲”，奋力实现老城市新活力，推动广州国家中心城市建设全面上新水平，着力建设国际大都市，在全省奋力实现“四个走在全国前列”、当好“两个重要窗口”、勇当排头兵，交出了合格答卷。

“海日生残夜，江春入旧年。”在2019年即将告别之际，《中共广东省委全面深化改革委员会关于印发广州市推动“四个出新出彩”行动方案的通知》（以下简称《通知》）正式下发。广州推动“四个出新出彩”以实现老城市新活力是习近平总书记对广州、也是对广东的重要指示要求，因此，《通知》的下发可以说是深入贯彻落实习近平总书记视察广东重要讲话精神的体现。为此，广州要切实负起主体责任，调动全市资源，凝心聚力狠抓工作落实，加快推进“四个出新出彩”实现老城市新活力，为构建“一核一带一区”区域发展新格局提供有力支撑。

广州依水而生、依水而兴，珠江是广州的立城之本、营城之源。10年前，伴随城市的发展和珠江的整治，广州珠江游成为城市里一道靓丽的风景线，日游风清气朗，江海一色；夜游繁星点漆，华灯缤纷，由此广州珠江夜游获得了中国江河游第一名的美誉。为了响应当时的旅游需求，我们编写出版了《广州珠江游》，从服务导游导读的视角出发，图文并茂地呈现了当时珠江游独特的气质和内容，可谓应时而作，应需而生，好评如潮，反响热烈。10 年后，随着“四个出新出彩”的出台，广州市大力构建云山珠水相望的景观视廊，彰显珠江文化魅力，打造“大美珠江”，实现精品珠江三十公里大开放，一个花城如诗、珠水如画的世界级滨水区正沿着珠江缓缓展开。现如今广州珠江游的景致变化远远超出了当时书里的描绘和畅想，《广州珠江游》的修编是时候提上日程了。

“文章合为时而著”。随着全域旅游新格局的打开、文旅融合亦日渐成熟，《广州珠江游》的修编当遵循“以文化为魂，以旅游为载体”的基本思路，采取从大到小、由表及里的叙述方法，在讲好“海上丝路桥头堡、民主革命策源地、改革开放先行区、岭南文化集萃地”之城市特质的前提下，再采取移步换景、以小见大的方式，以小故事、巧切口切入，比如从珠江水质的变化反映出广州青山绿水的发展理念，从广州中轴线、天际线的变化勾勒出广州的长高长大等，呈现出广州珠江游这篇不一样的锦绣文章。一江看遍二千年，一江走进新时代，一江还将走向未来——广州南沙自贸区、粤港澳大湾区和中国梦。

珠江向东，广州向海，“苟日新，日日新，又日新”，我们这次修编只是“不停顿、不止步”时代精神的一次注脚。展示城市形象，加强文化传播，擦亮旅游品牌，满足读者需要，《广州珠江游新说》为此而来，为你我而来。

是为序。

广州市文化广电旅游局党委书记、局长 刘瑜梅

2019 年 10 月 12 日

目录

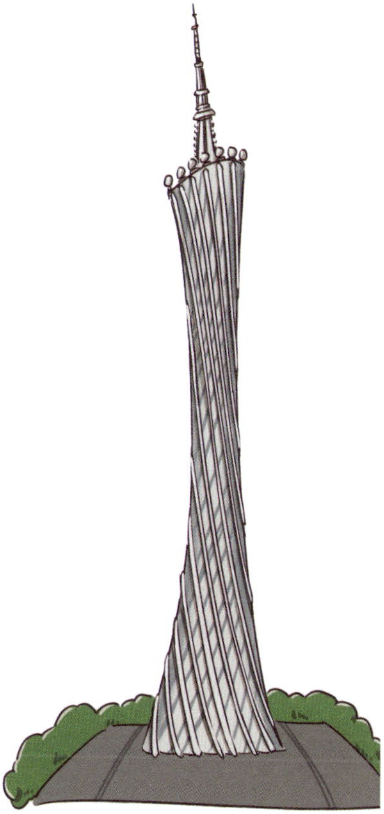

篇五 / 珠江游全攻略　146

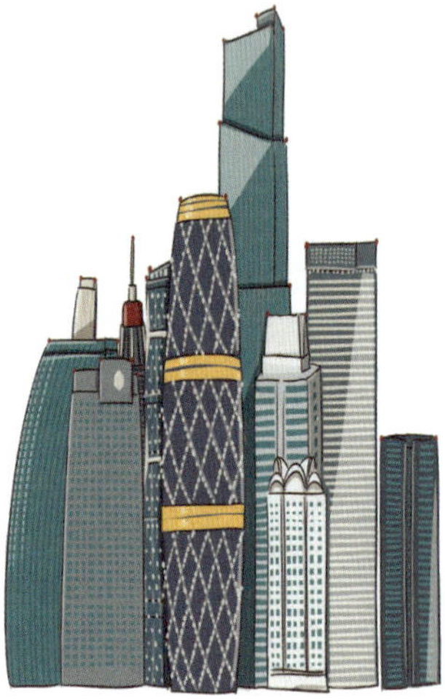

篇六 / 珠江文章　214

篇一

一条江，一座城

河流是人类文明的摇篮，绝大多数伟大城市的诞生都离不开一条伟大江河的滋养。从伦敦的泰晤士河、巴黎的塞纳河到我国的长江、黄河，无不如此。从2220多年前，南越王赵佗面朝珠江建设“赵佗城”开始，广州与珠江的故事就如滔滔江水延绵不断。

第一章

话说珠江

1

城因河流而诞生，河因城市而闻名。世界上许多著名的城市都傍依一条著名的河流，正如伦敦与泰晤士河、巴黎与塞纳河、维也纳与多瑙河、上海与黄浦江、广州与珠江。源远流长的江河，是城市发展繁华的血脉，更是孕育一座城市灿烂文明的摇篮。

珠江“八大入海口”示意图

地理的珠江

中国是世界河流最多的国家之一，大大小小的河流谱写了“壮丽江河”的美丽篇章。珠江，就是这个庞大的江河水系中的一员，全长 2320 千米，因其长度仅次于长江、黄河，而成为中国境内第三长河。在水量方面，珠江更是以傲人的数据在中国的江河水系中排行第二，仅次于长江，是黄河年径流量的 7 倍、淮河的 10 倍。珠江，还是一条奇特的河。一般的河流只有一个入海口，珠江却有八个入海口，俗称“八口入海”，并由西江、北江和东江三条江汇流而成。

珠江“三江汇集、八口入海”的水系特征是如何形成的呢？这与其自然地理环境密不可分。

番外小知识

珠江八大入海口：
（俗称“八门”）
焦门
虎门
洪奇门
横门
磨刀门
鸡啼门
虎跳门
崖门

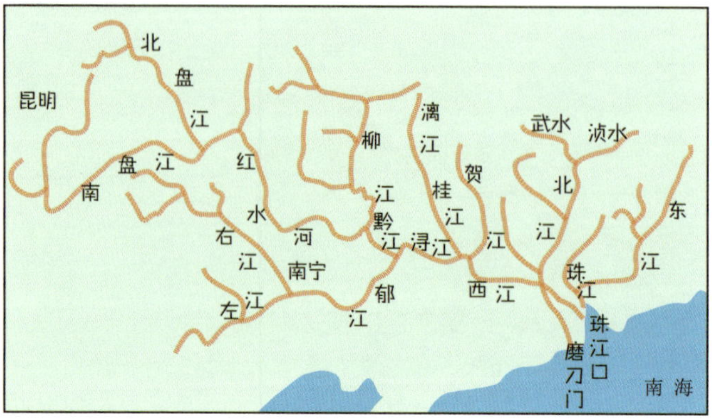

▲ 珠江水系示意图

西江是珠江的主干流，也是珠江三源头之中最长、水流量最大的河流，发源于云南省曲靖市境内的马雄山，经贵州、广西由广东封开入境，自西向东横贯粤西中部，在珠海的磨刀门流入南海。自古以来，西江就是连接西南和华南的“黄金水道”，这种地理上的优势使具有国家发展意义的西江经济带应运而生。把西江经济带打造成为南方重要的开发轴带，成为大西江经济带的核心区段，成为大珠三角功能辐射的承接地，成为大西南开发的先导地区，成为中国向南开放合作的前沿基地，在系列利好政策和规划的推动下，西江“黄金水道”的作用愈加明显。

▲ 珠江上游北盘江

▲ 灵渠

珠江的第二大水系北江，发源于江西省信丰县大茅山，流经广东韶关与武水汇合后，在佛山三水的思贤滘与西江相通，流入珠江三角洲网河区，于广州番禺小虎山岛淹尾出珠江口。北江是珠江三个源头中落差最大、水能量最大的河流，从北至南纵贯广东东北部。

珠江的第三大水系东江，发源于江西省寻乌县桠髻钵山，从广东龙川县入境，贯穿粤东北和粤中，经东莞虎门入海。与其他两条江相比，东江的水质最清，为此政府从东江引水，修建了相关的水利工程，直接给香港供水，从而改变了当时香港不能全日供水的局面。

珠江水系的奇特还形成珠江独特优胜的风水格局，也就是堪舆学上所称的“天门开、地户闭”。因珠江有三江源头，汇集水量丰富、源远流长，所以叫“天门开”；而珠江八大入海口的地理形胜皆是门户形状，所以叫“地户闭”。由于珠江八门中就有焦门、洪奇门、虎门经过广州南沙，而且这三门的水流量占了整个珠江水量的 40%，所以广州就成了珠江的龙头。

俯瞰之下的珠江水系星罗棋布，有东向的河流（如西江），也有西向的河流（如东江），更多的是自北向南入海的河流，呈“坐北向南”之势，与岭南北部越城岭、萌诸岭、都庞岭、骑田岭和大庾岭自北向南倾斜、直濒海滨的“坐北向南”的好风水相得益彰。而珠江的诸多支流，像很多条小龙，争先恐后地向珠江入海河段竞飞，看上去既像是多龙戏争珍珠，又像是珍珠发射出的光芒，向四面八方放射，覆盖了整个广东。

这就是壮丽大美的珠江！

▲ 1870 年珠江西堤老照片，中间的建筑就是建于 1866 年的博济医院

■ / 文化的珠江

珠江纵横在广东省广袤土地上，使广东“珠光四射”。珠江不仅哺育了广东人民，更孕育了广东的历史文化与人文情怀。

珠江形成的冲积平原——珠江三角洲，是广东省内最大的平原，居全国第二，仅次于长江三角洲。这里河网交错、土地肥沃、物产丰富，是著名的鱼米之乡。广东最早的土著古南越族人多数就住在水边，他们长食稻米，喜食鱼蚌，习于水性，断发文身，珠江是他们种族繁衍生存的依赖。

▶ 1874 年西壕口，可航行庞大的汽轮

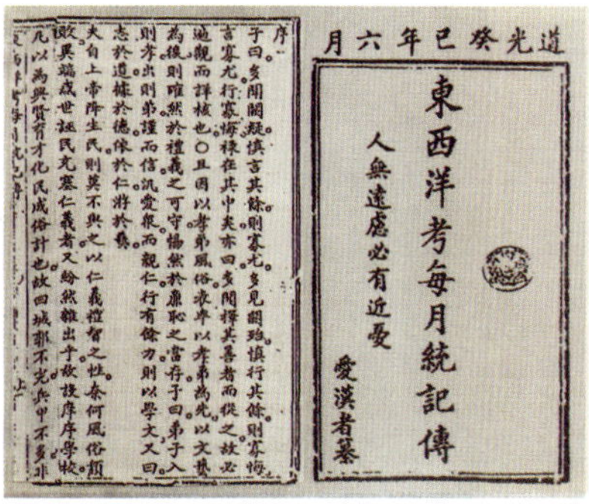

▲《东西洋考每月统记传》

珠江又是广东与北方进行经济文化交流的动脉。珠江源头众多的河流穿越五岭，沟通南北。公元前213年，秦始皇统一岭南兵分五路所走的通道，就是珠江源头的众多河道。唐代张九龄开通梅关大道，沟通了珠江的北江和长江水系的赣江，使广东的发展有了历史性的转折。两宋以来，位于北江源头旁边的珠玑巷更成为中原人南下广东的中转站。

俗语说，一方水土养一方人。珠江对广东文化风格的形成有极大影响。岭南文化具有广纳百川、善于包容的心态，它与珠江独特的地理形态有很大关系。珠江的多源头和流向海洋的地理形态有利于南北及中外文化的交流融汇，促使广东人眼界开阔、善于学习。广东人对外来文化的引进创新，创造了多样的特色文化。

珠江使广东通向海外，使得广东人民特别具有对外开放的眼光。在中国，广东人是最早接受外来文化的，广东的近代文化领先全国，许多新事物最早都是在广东出现，广东也创造了很多全国第一。例如：

1807年，第一个新教传教士马礼逊到广州翻译了第一本中文《圣经》，中国第一个传教士梁发写了《劝世良言》。

中国第一份中文报纸——《东西洋考每月统记传》。1833年，普鲁士传教士郭士立在广州创办中国第一份中文报纸《东西洋考每月统记传》。

中国第一次在世界博览会上获金奖——1851年，在英国伦敦举办的第一届世界博览会上，广东商人徐荣村寄出的12包“湖丝”荣获金奖，比贵州茅台酒还要早几十年。

中国第一所培训留学生的学校——甄贤学校。1871年，中国近代留学生之父容闳，在珠海创办了中国最早的侨校，其本人也是中国第一个留学生。

中国第一家民族工业企业——继昌隆缫丝厂。1872年，华侨商人陈启沅创办继昌隆缫丝厂，之后广东诞生了一大批民族工业，比如佛山巧明火柴厂、潮汕铁路和广州电灯公司等。

▲ 詹天佑故居

中国第一个自建铁路的工程师——詹天佑。1905 年，南海人詹天佑修建了中国第一条铁路——京张铁路，开创了中国铁路自建的先河。

中国第一个造飞机的人——冯如。1909 年，开平人冯如制造出中国第一架飞机，该飞机首次试飞航程打破了制造出世界第一架飞机的莱特兄弟首次试飞的成绩。

中国第一个经济特区——深圳。1980 年，深圳正式成立经济特区，成为中国改革开放的领头羊。

中国第一家中外合作的五星级宾馆——白天鹅宾馆。1983 年，国内第一家自行设计、自行建造、自行管理的大型现代化合资宾馆在珠江边诞生了。改革开放的大环境，孕育了白天鹅成长；与时代发展同步的白天鹅，又是改革开放的见证人。

在珠江哺育之下的广东，就如奔流不息的珠江，创造奇迹和第一的脚步从未停歇。

▲ 中山大学

前岗村珠江木雕

广州的珠江

“大海环其东，众水汇于前，群峰拥于后”，这是古人心中的广州，其中“众水”就指穿城而过的珠江以及城内大大小小的濠渠和河涌。显然，在古人心中，珠江就是广州的，有趣的是，在今天的广州人看来，珠江也是独属广州的。

其实，在广州人心中的珠江，一般是指流经广州城的河段。它的走向：从广州北郊的石门到白鹅潭，与流溪河汇合后分两支—— 一支向东穿过广州城，即前航道；一支向南经河南的南石头再折向东，即后航道。这两支河道在黄埔港汇合后继续向南，经莲花山与东江汇合，河道变得宽阔，称“狮子洋”，再过虎门入海。

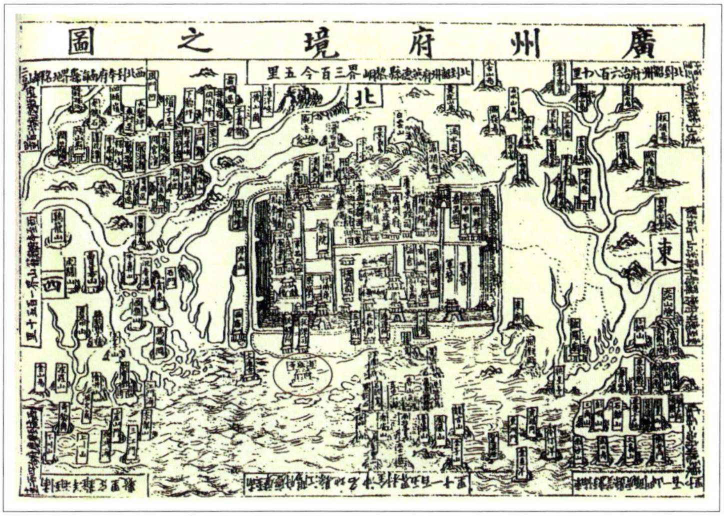

明代《永乐大典》内的广州府境之图，红圈内为海珠寺

广州人把流经广州的一段珠江看作是整条珠江，不是见识短浅的表现，而是表现了广州人对珠江的亲切感情。因为珠江一名就是来自广州河道中的一块礁石——海珠石。古书就有记载：“南方有浮水之石”，说是珠江流经广州城下的河段中有一个巨大的石岛。石岛因被江水冲刷，光滑如珠，所以又叫“海珠石”。据相关文献记载，海珠石长百余米、宽五十余米，与陆地的长堤大马路隔江相望。后来这个石岛还被开发成为广州人郊游的好去处。岛上绿树葱茏，一棵高大的红棉树直指云天，周围江水如练、百舸争流。人们在岛上立一巨石，上刻“虫二”二字，以喻“风月无边”之意。令人惋惜的是，1931 年修长堤大马路时，海珠石被沉埋地下。直到 2000 年，被掩埋已久的海珠石，在进行市政工程的过程中，意外地显露了部分。因为海珠石巨大，其真容难以再展现，但在海珠广场“海珠石”石刻以及沿江西路的“海珠石”雕塑可以让我们找到那个曾经见证广州城市格局变迁的沧海桑田的故事。2011 年，“海珠石”的故事飞向了太空——国际小行星中心将一颗小星星命名为“海珠石”。国际小行星中心在公报中形容：“海珠石是珠江中的一块巨石，数个世纪以来一直被当作广州的象征之一。广州的许多地点和场所，包括珠江本身，起名都在海珠石之后。”

▲ 清代珠江景色

▼ 如今的珠江

▲ 海珠岛旧照

▲ 珠江河涌一景

的确，广州很多地名或地标名字就源于海珠石或与海有关。比如，海珠桥、海珠广场、海心沙等。广州人还把珠江称作“海”：珠江边，叫“海皮”；从河北渡江到河南（今海珠区），叫“过海”。只有一江穿城过的广州，为何与海文化有如此不解之缘？对此，有人开玩笑说，这是因为广州人分不清海和江河。

其实这是一种误解，并非广州人江、海不分，而是因为珠江“往日不同今时”！古时珠江与南海浑然一体，人们的确很难分辨何处为海，何处为江。当时的广州城就建在海湾上，城内河涌交错，全然一个浮水之城。这个海湾由番山、禺山和坡山三座小山组成，古诗有云：“山去海边三四里”。山之间还有两个湖——仙湖和兰湖，城周围的海中有三块大礁石——海珠石、海印石和浮丘石。因此，古代广州的地理形势可用“三山、两湖、三石”来概括。经历千百年的沧海桑田，江岸不断向南伸延，江面越来越窄。就这样，海的感觉慢慢就消失了。但是，江海文化在方方面面影响了广州人，甚至是根深蒂固的。

▼ 珠江白鹅潭

广州人的文化性格深受以“水”为特征的环境的影响。我们可以从广州人日常的言谈行为中发现很多有趣的现象。广州方言多以“水”字来表情达意，有水脚（路费）、磅水（付费）等说法。广州人视“水”为财，又有猪笼入水（财源广进）等说法。

在饮食方面，也可以看出“水”对广州人的影响。“吃饭先把汤端来”“满街凉茶当药卖”被北方人视为广州的两大“怪”。

千百年来，广州经历了多次变化，城市的辖区范围和面貌发生了翻天覆地的变化，唯一不变的是城内流淌的珠江水，依然在滋养着广州和广州人。

番外小知识

普通话	广州话
路费	水脚
付费	磅水
心意	心水
假货	水货
觉悟	醒水
能力不佳	水皮
财源广进	猪笼入水
很富有	水头足
没钱	干水

▼ 白云山远眺

番外小知识

关于海珠石有一个美丽的传说。据说，古代有一个波斯商人来到广州，重金购得了“摩尼珠”。有一天，他带着摩尼珠回国，在船上他把该珍珠拿出来把玩，一不小心，手中的珍珠便跌落江中。于是，珍珠变成了巨石，那块巨石就是海珠石。这虽然是传说，但透露了广州在古代便是个繁华的国际港口的信息，也透露了珍珠曾是重要的交易商品。以珍珠命名珠江，寻根溯源，不但有地理的原因，还有社会经济的原因。

第二章

浮水之城，三朝之都

2

从 2220 多年前，南越王赵佗面朝珠江建设“赵佗城”开始，广州城的位置、格局以及生长史，就一直围绕着珠江展开。广州也经历了南越、南汉、南明三个封建割据政权，因此也被称为“三朝之都”。三朝之都在广州历史上有不同程度的影响，对广府文化乃至岭南文化的发展有重要的作用。

雄踞岭南疆土的南越国

▲ 错金铜虎符

南越国是在秦统一岭南以后，岭南地区建立的第一个地方割据政权。赵佗在公元前 204 年创立了“东西万余里”的南越国。面朝珠江“赵佗城”诞生了，广州的建城史就这样慢慢展开了。

在赵佗的悉心经营下，岭南地区的历史面貌发生了巨大变化，从原始社会后期跃进至封建社会。公元前 195 年“赵佗归汉”，岭南重新列入中国统一的版图。

公元前 204 年，赵佗发兵兼并了桂林郡和象郡，建南越国，都设番禺（今广州），称“南越武王”。南越国全盛时疆域包括今中国海南、香港、澳门，广东、广西的大部分地区，福建的一小部分地区，以及越南北部、中部的大部分地区。赵佗治越，注重发展农牧业，通过长沙国从中原地区输入铁制农具和马、牛、羊等家畜用于农业生产；倡导发展金银冶铸业、制陶业、纺织业、漆木制造业；在和长沙国交界的地方设立关市，从中原输入货币；与闽越、夜郎等其他周边国家的商贸往来密切。与此同时，赵佗制定“和辑百越”的民族政策，并使之贯穿于南越国的始终，从而巩固了南越政权，安定了社会秩序，加快了文化交流与民族融合的步伐。

◀ 南越王宫遗址

▲ “文帝行玺”金印

公元前196年，刘邦派大夫陆贾来广州劝赵佗向汉室称臣。起初赵佗拒不相见，陆贾便自己建筑泥城（今广州西村一带）以等待。由于态度友善，赵佗终于相约会晤，并上表《报文帝书》，接受了刘邦授予的“南越王”称号，归属汉朝。为表臣服的诚意，赵佗在象岗山上修建了朝汉台，朔望礼拜。刘邦死后，吕后专权，对南越采取“别异蛮夷”政策，赵佗遂愤而独立，自称“南越武帝”，与汉朝分庭抗礼。吕后一死，诸吕被铲除，汉文帝继位，并在公元前179年遣陆贾再次出使南越。赵佗看了文帝的《赐南越王赵佗书》，颇为感动，随后取消帝号和仪制，并上书向文帝谢罪，表示臣服汉朝。此后南越国对汉朝一直遵君臣之礼，为国家的统一大业做出了杰出贡献。“赵佗归汉”的故事成了岭南人的千古美谈，有京剧《赵佗归汉》、话剧《南越王》、中央电视台《探索发现》之《岭南王国》（电视作品）等多部以此为题材的传世文艺作品。

南越国传五主，共93年。赵佗从秦统一岭南的功臣，到后来成为南越国的创立人，在位执政67年，史称“南越武帝”。他对岭南地区的经济社会发展产生了极为重要的影响，成为岭南叱咤风云的历史人物。在其统治期间，岭南避免了秦末汉初的战乱，拥有一个安定和发展的良好环境。他在促进岭南各族人民与中原地区人民融合方面也起到了重要作用。第二代南越王赵眜，是赵佗的次孙，在位15年，谥号南越文王。第三代王赵婴齐，赵眜之子，在位7年，谥号南越明王。第四代王赵兴，在位3年，谥号南越哀王。第五代王赵建德，在位仅1年，史称“南越厉王”。公元前111年，南越国为汉武帝所灭。

番外小知识

西汉南越王墓，1983年被发现，是南越国第二代国王赵眜之墓，保存完好，是岭南地区发现的规模最大的汉代彩绘石室墓。墓中出土文物一万余件，集中反映了2000年前岭南政治、经济和文化等多方面的内容。南越王墓是中国20世纪80年代重大考古发现之一，1996年被列为全国重点文物保护单位。

地址：广州市解放北路867号

▲ 南越王宫遗址展览厅——赵佗封王

1. 南越王宫博物馆
2. 西汉南越王博物馆
3. 秦南越疆域示意图
4. 南越王宫遗址展览厅夜景

■ / 称盛半个世纪的南汉国

南汉国是继南越国后由刘岩建立的岭南地区第二个地方割据政权。刘岩采取了一系列巩固政权、维护统一、发展地方经济和文化的政策，从而促进了岭南地区各民族的融合，为整个岭南地区顺利统归大宋版图奠定了基础。

刘岩凭借其父刘谦和其兄刘隐在岭南的基业，于 917 年在番禺（今广州）称帝，改称兴王府以建都，国号“大越”，改年号为“乾亨”。次年，刘岩以汉朝刘氏后裔的身份改国号为“大汉”，史称“南汉”。南汉立国后，采取了一系列统治政策：为摆脱唐后期藩镇割据的弊端，多用中原名人或幕府能人分领诸州；从 920 年起推行科举制度，设学校，置选部，开贡举，每年取进士、明经十多人；为避免与邻国发生军事冲突，采取外睦四邻的外交政策，同闽、楚、云南等国首领通婚、通商，同蜀、吴订交；积极引进和采用中原先进生产技术，大力发展冶矿业并冶铸南汉钱币（分铜制和铅制两种），制陶瓷业、造船业。此外，南汉政权还积极发展对外贸易，“岭北商贾至南海者”，他“多召之”，还“与岭北诸藩岁时交聘”。在南汉政权统治下，对外贸易规模虽不及盛唐之时，但“内足自富，外足抗中国（中原王朝）”。刘岩重视商业，扶持经贸，促进了岭南经济的发展和繁荣。

刘岩，又名刘陟，在位 25 年，此后南汉国又历三主：殇帝刘玢、中宗刘晟和后主刘鋹（chǎng，音同“厂”）。970 年，宋朝派潭州防御使潘美攻南汉。971 年，南汉亡。

南汉世系图

- 刘谦
  - 刘隐
  - 刘岩（高祖）
    - 刘玢（殇帝）
    - 刘晟（中宗）
      - 刘鋹（后主）

昙花一现南明绍武政权

明末崇祯皇帝自缢身亡后，分布在南方的朱姓皇族以及南逃忠于明王朝的旧臣老将，纷纷组织武装抵抗，并先后建立了四个政权：福王朱由崧在南京建立的弘光政权；唐王朱聿键在福建建立的隆武政权；另一唐王朱聿鐭（yù，音同“玉”）在广州建立的绍武政权；桂王朱由榔在肇庆建立的永历政权。而绍武政权仅维持了 40 天。

1646 年秋，南明隆武帝从福建延平逃到汀州（今长汀），为清兵所俘，后遭杀害。隆武帝遇难后，其胞弟朱聿鐭经千难万险由汀州逃到广州。此时，隆武帝旧相苏观生、何吾驺等先后来到广州。他们之所以急忙从福建赶来广州，主要是想做“佐命元辅”。一开始，苏观生与两广总督丁魁楚等曾议立桂王朱由榔，但后来由于意见不一致，双方便开始了一场关于帝统问题的争吵。苏观生则趁朱聿鐭逃到广州之机，与大学士何吾驺、南海士绅关捷元、番禺士绅梁朝钟等，以“倡兄终弟及”为由，又“以亲、以贤、以貌”而论，声称朱聿鐭够得上做皇帝的资格，遂拥立朱聿鐭。十一月初五，朱聿鐭称帝，改元绍武。

然而，两广总督丁魁楚以及广西巡抚瞿式耜等对朱聿鐭称帝置之不理。他们认为：朱由榔是“神宗嫡孙”，按血统称帝名正言顺。为反对广州政权，丁魁楚等密谋策划，于 1646 年十一月十四日拥朱由榔即帝位，以次年为永历元年，改肇庆府署为行宫。

由于广州方面与肇庆方面各持其理，最后各自拥立，导致兵戎相见，双方在三水大战一场。其导火索是肇庆永历政权方面派彭耀来广州向朱聿鐭明示必须削去帝号。绍武帝和苏观生听罢气愤至极，认为这是莫大的侮辱，即下令把彭耀推出斩首示众。随后，肇庆永历政权派兵讨伐广州绍武政权。由于绍武方面已有准备，于是双方激战于三水县，永历政权以失利告终。此时，绍武政权不仅认为永历政权不敢再争帝位，而且认为从福州方向追截的清兵一时也未必能赶到广州，于是趁机大封官爵，建立朝仪，学射习礼，以粉饰太平。

然而，叛将李成栋带着清军攻下惠潮，逼近广州。1646 年十二月十五日早晨，绍武帝正在广州校场上检阅习射时，“大兵已自东门入，观生始召兵搏战。兵精者皆西出，仓卒不能集。”绍武官军还未来得及抵抗，广州已经陷落。绍武帝和苏观生等自尽，在广州建立的南明小朝廷仅历 40 天就灭亡了。

■ / 孙中山三次建立革命政权

三个封建割据政权结束后，再次让广州在中国历史上成为焦点的是近代革命。在中国近代史上发生的重大社会政治变革运动，其中心人物及事件的发生、发展过程，无不与广州发生紧密的联系。

孙中山在广州三次建立革命政权，是孙中山坚持护法、捍卫民主共和的重大举措，对广东民主革命策源地的建立和巩固，以及对民主革命高潮的掀起具有重大意义。

1911 年 10 月 10 日，武昌起义爆发，全国响应，推翻了封建王朝的统治。1912 年元旦，孙中山在南京宣誓就任中华民国临时大总统，后孙中山辞去大总统职位，袁世凯继任。袁世凯实施专制统治，违背共和意志。1913 年，孙中山为捍卫共和发动“二次革命”，讨伐袁世凯，后因缺乏基础与准备，以失败告终。

▲ 孙中山大元帅府

▲ 大元帅府

1917—1918 年，以孙中山为首的资产阶级革命党人为维护《中华民国临时约法》（以下简称《临时约法》）、恢复国会，联合西南地方实力派进行反对北洋军阀独裁统治的“护法运动”。孙中山号召国会议员南下广东，召集国会，组织护法军政府。1917 年 8 月中旬抵达广州的议员虽多达 150 余人，但仍不足召开正式国会的法定人数。根据孙中山建议，8 月 25 日在广州召开非常国会。大会通过《中华民国军政府组织大纲》，决定成立护法军政府，以“戡定叛乱，恢复《临时约法》”为军政府职责，宣布在《临时约法》之效力未完全恢复以前，中华民国之行政权，由大元帅行之。9 月 1 日国会非常会议选举孙中山为中华民国军政府海陆军大元帅，9 月 10 日孙中山正式就任中华民国军政府海陆军大元帅，11 月 10 日中华民国军政府成立。这是孙中山第一次在广州建立政权。由于受南方军阀和政客的排挤，1918 年 5 月，非常国会通过改组，以七总裁取代大元帅，实际上孙中山在护法军政府内被架空。孙中山被迫辞职，离开广东赴上海，第一次护法运动失败。

1920 年 10 月，孙中山再次举起护法大旗，由陈炯明成功将桂系及滇系军阀驱逐出粤。11 月，孙中山重回广东，恢复军政府，继续护法。因为广州的护法军政府与在北京的北洋政府相比有一个明显的缺陷，就是它得不到国际的承认。为了与北洋政府抗衡，孙中山建议成立正式政府。经过努力，1921 年 4 月 7 日，非常国会参、众两院联合在穗召开会议，选举孙中山为中华民国大总统。5 月 5 日，孙中山正式就任大总统。由于孙中山是由国会非常会议选出，故又被称为“非常大总统”。孙中山希望通过北伐推翻军阀的统治，但是把持广东军政大权的陈炯明于 1922 年 6 月发动叛乱，孙中山被迫再次离开广东。第二次建立的广州政权也告失败。

1923年1月，孙中山联合滇、桂、粤等军，驱逐叛军陈炯明部。2月21日孙中山从上海回到广州，重建大元帅府，任陆海军大元帅，第三次在广州建立革命政权。4月3日，大元帅府由农林试验场迁到广东士敏土厂（今海珠区纺织路东沙街18号）。孙中山先后平定了沈鸿英叛乱和东江叛乱，进一步巩固和发展了广东革命根据地。同时，他总结辛亥革命以来的教训，接受苏联和中国共产党的帮助，决心改组国民党。他请来了苏联顾问，还有陈独秀、李大钊等共产党员参加改组国民党的工作。1924年1月，中国国民党第一次全国代表大会在广州举行，确立了“联俄、联共、扶助农工”的革命政策，从此，轰轰烈烈的国民革命在广东掀起，中国革命进入第一次国内革命战争时期。

孙中山逝世后，大元帅府曾作为“国父”文化教育馆两广分馆、“国父”纪念馆等以教育后人。2006年5月1日，大元帅府旧址纪念馆重新开放，纪念馆的陈设展览在原有孙中山、宋庆龄、廖仲恺像的基础上，增加了胡汉民、蒋介石等人的仿真硅胶像，再现了当年要员在大元帅府办公、生活的场景。

从南越王赵佗到领导中国民主革命的孙中山等历史名人，对广州这座城的形成与发展做出了卓越的贡献。在新时代，新一代弄潮儿继续引领广州前行。

▲ 黄埔军校

启示：

广州已有 2220 多年的建城史。在这悠悠数千年中，古人的得失成为后人的镜鉴，给后人以诸多启示。首先，广州建设创新型城市，应坚持以旧城为“根”，通过文化产业与科技、金融、信息业深度融合实现城市再造。其次，广州城市建设应以核心区为轴心。在“1+2+3”城市空间布局中，“都会区”是龙头，是“新城区”和“副中心”的支撑。再次，探寻广州历史发展轨迹，让我们开阔了胸襟。历史告诉了我们发展的方向，给予了我们信心和力量。广州将以加快完善国家中心城市建设为目标，以建设创新型城市为抓手，以国际商贸中心和世界文化名城建设为战略重点，为共圆“两个一百年”的中国梦做出积极贡献。

▼ 中山纪念堂

第三章

向东向海的中轴线

3

在城市漫长的发展过程中，广州在不同的历史时期产生过不同地点的城市建设中心区和经济繁荣中心区。这些城市内的建设中心和经济中心，被称为“城市发展的中轴线”。城市中轴线，就像城市灵魂的画笔，勾勒出城市最容易识别的经脉气象。广州曾出现多条城市发展中轴线，从北京路古代中轴线到传统中轴线再到新中轴线，但考究这些中轴线的形成时会发现，它们都不曾离开珠江。

■ / 广州古代中轴线

任嚣所建郡所，规模不大，但选择建城的自然环境十分科学。它隐隐地左右着日后广州的城市格局、发展方向。唐代的广州城墙范围很小，城市已形成坐北朝南的布局，以及一条南北向的中轴线，从而为南汉都城兴王府城的建设打下了基础。南汉兴王府城仿唐都长安建造，兴建大批宫殿王府，城市区域分工明确，分内城与郭城，内城又包括宫城与皇城两大部分，具有都城建设特点，在广州城的建设史上具有重要的地位。从汉唐宋到明清，广州城市始终沿一条南北中轴线对称发展，北京路在隋唐时已建成北有衙门、南有厅门的城市中轴线，一直持续至今，是为广州古城的中轴线。

北京路，这条广州古代城市中轴线，虽经历千年变幻，但其活力依然。1997 年，它被开通为商业步行街，其日流量达 20 万人次以上，外地人到广州，有“不到北京路，不算到过广州”之说。

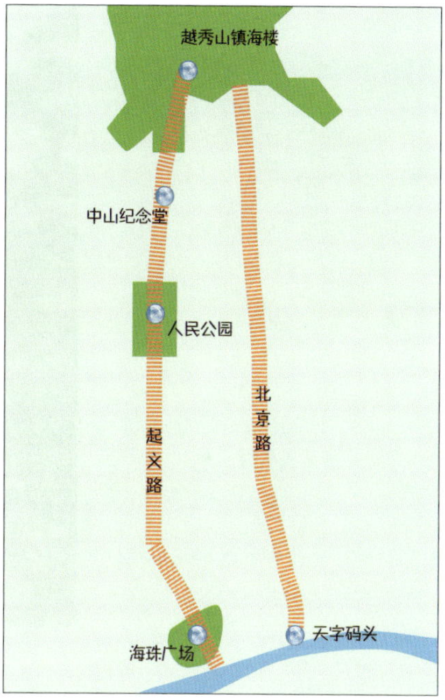

▲ 广州古代中轴线示意图

◀ 北京路千年古道遗址

五羊雕塑 ▶

■ / 广州传统中轴线

随着广州古城的扩建，以越秀山为主要标志的城市中轴线在晋朝出现雏形，今人称之为“传统中轴线”。这条传统中轴线的首位发现者应是鲍靓。鲍靓为东晋年间著名道士，被朝廷委任为南海郡郡守，人称“神仙太守”。让他得以在广州历史上留名的，是他建造了一座规模宏大的道观越冈院（今三元宫）。越冈院是建于广州中轴线上的首座公共建筑，位于越秀山南麓，当年正对着烟波浩渺的菊湖。神仙太守精通堪舆，跑遍全城内外寻龙点脉，最终选定后有越秀山小蟠龙岗为“玄武”、前有大片城垣作“朱雀”的藏风聚气之所建道观，其胸臆必为当日的堪舆家们所赞美！

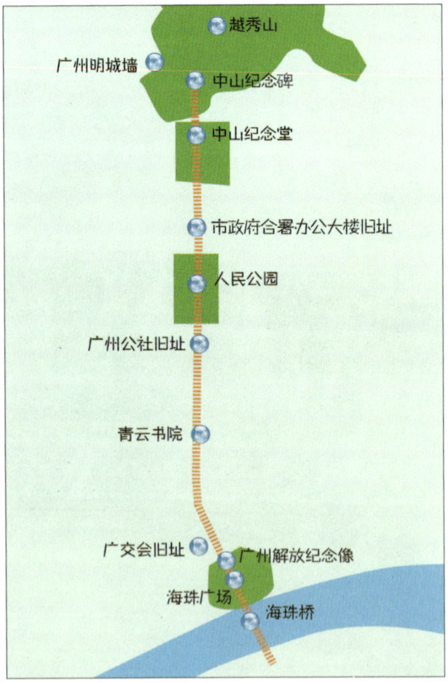

▲ 广州传统中轴线示意图

永嘉侯朱亮祖可以说是这条传统中轴线的开拓者。朱亮祖为明初名将，受皇帝朱元璋派遣，出镇广东。在驻节广州之初，朱亮祖就迅速拆除了宋朝三城的城墙，让广州城浑然一体，隐匿千载的城市中轴线顿时露水显山。他在越秀山上建起了观音阁，越秀山遂有别名“观音山”，并在山脊筑起新城墙，在山上最高点建了一座巍峨的镇海楼。建筑学家和堪舆家们普遍认为，这座标志性建筑的开创性意义，就在于它准确无误地为广州城市传统中轴线做了首次定位。

广州的城市近代化肇始于1918年市政公所决定拆毁城墙开马路。陈济棠主粤期间大展宏图：镇海楼下、越冈院前、中山纪念碑、中山纪念堂、市政府合署办公大楼、海珠桥……开始大手笔一卷接一卷！至此，广州城市传统中轴线方显本色。

1959年，市政府又在广州传统中轴线的南端竖起了一座广州解放纪念像，纪念像与它所在的海珠广场融为广州一处著名的景观——“珠海丹心”，为广州城市传统中轴线增添了华彩。

这条广州城市传统中轴线自北向南为：从白云山余脉蜿蜒而来，经镇海楼、中山纪念碑、三元宫、中山纪念堂、市政府合署办公大楼、起义路、广州解放纪念像、海珠桥，向南延伸至江南大道一线。围绕中轴线，解放路以西光孝寺、六榕塔、五仙观等文物景点形成了传统文化活动轴；北京路一线的南越王宫署遗址、古城墙遗址、书院群、大佛寺也形成了一条传统文化活动轴。因此，有城市规划专家认为，广义上的广州传统城市中轴线就是一组自观音山向珠江发散的南北向轴线。

这条中轴线体现广州山水城市格局、连接越秀山和珠江的绿色长廊，在海珠广场和海珠桥与珠江蓝色风光线交汇，形成动静结合的美丽风光。在全国大城市中，像这样由低到高的山形水势，步步提升的雄伟壮观建筑风景线，在2000多年悠久历史中逐步形成的中轴线是绝无仅有的。

▼ 越秀山上镇海楼

■ / 广州新城市中轴线

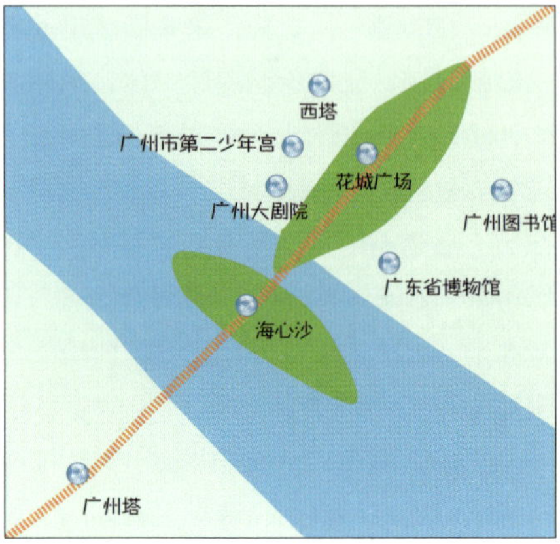

▲ 新中轴线示意图

1984 年，广州结合新的城市发展态势提出了新城市中轴线概念。随着城区向东和向南不断扩展，以及为配合 2010 年广州亚运会和亚残运会的举办，实现《珠江三角洲地区改革发展规划纲要（2008—2020 年）》对广州国家中心城市的定位，从 2009 年开始，市政府组织开展了新城市中轴线规划设计，从而为拉开广州“1+2+3”城市空间布局奠定了基础。

2009 年规划设计的新中轴线北起以白云山余脉燕岭山（瘦狗岭）为主体的燕岭公园，贯穿火车东站、天河体育中心、珠江新城、广州塔，南至珠江后航道的海心沙岛，以广州塔为界分为南、北两段，全长 12 千米。东至林和中路—体育东路—冼村路向东拓展 200 米，西至林和西路—体育西路—华夏路向西拓展 200 米，总用地面积 5.88 平方千米。北段有 3 个重要节点，分别是核心商务区、海心沙、广州塔（因设计精巧，誉称“小蛮腰”）。北边“山水城”自成一格，强调宜居、生态。著名景点有：2010 年广州亚运会开（闭）幕式场馆——海心沙；具有广播电视发射、文化娱乐和城市窗口功能的大型城市基础设施和广州城市新地标——广州塔；广州国际金融中心（又称“广州西塔”）；第六届全国运动会主场馆——广州天河体育中心；曾是亚洲第一高楼的广州中信广场。南段则主打“花城绿轴”牌，定位为“有岭南特色的行政中心”。

▶ 新中轴线上的标志建筑——广州塔

▲ 珠江夜景

2011 年 6 月，市规划局公布了新中轴线南段城市规划设计方案，新中轴线南段将以广州塔为界向南扩展 7 倍，规划形成五大功能片区。最北端是旅游观光区，包括广州塔、赤岗塔、第一领事馆区、商务办公区等子块；接着是区域行政区，包括第二领事馆区、大塘综合商务中心子块；靠近海珠湖和万亩果园的区域为生态休闲区；剩下南海心沙、沥滘枢纽等子块为滨水居住区和科技创意区。

在中轴线南端、海珠湖公园南侧规划了“岭南第一门”。作为广州新城市中轴线的南大门及岭南文化之门，岭南第一门配套有酒店、旅游观光、体育活动、餐饮、纪念品销售和地下停车场等，成为新中轴线南段地区的标志性景观节点。市政府还决定，在海珠区湿地公园地段建设岭南文化大观园，加上广州博物馆、广州美术馆、广州文化馆（现代艺术馆）、广州科学馆，从而在新中轴线南段形成“一园四馆”的文化设施格局，成为广州市一个新的文化核心区，从广州塔上看其形似数字“100”，特色分明。2013 年 7 月，广州新中轴线南端“广州之窗”地标建筑方案获市规划委员会审议通过。

围绕珠江演绎的还有一个非常大的看点是南沙港。南沙的位置在珠三角可谓得天独厚。在它半径 60 千米范围内，有 14 个大中城市。

过去南沙是广州的南沙，距离远，是边陲小镇；今天，南沙是广东的南沙，是广东自贸区三大组成部分之一，是珠三角地理几何中心；2017 年开始，南沙是粤港澳大湾区的南沙，是代表广州参与湾区经济和国际竞争的核心区域。南沙成了珠江边上未来之城，是广州发展的一颗未来之星。

▲ 新中轴线

有了南沙这个出海口，广州才真正向海而生，才能把各种工业品通过万吨海轮源源不断地运往世界各地，走向蔚蓝，驶向深海。

向东，珠江水越来越清，珠江带领广州越走越远。根据广州城市规划，广州将以珠江水系为脉，按照建设美丽宜居花城、活力全球城市要求，以全球城市的视角，紧扣“一江两岸三带”，对标国内外一流城市，把广州规划建设成为国际一流城市，构建云山珠水相望的景观视廊，彰显珠江文化魅力，打造“大美珠江”，塑造花城如诗、珠水如画的世界级滨水区，实现精品珠江三十公里大开放。

天涯未觉远，处处各樵渔。

如今，广州新轴线已声名远播，这张独具广州韵味的城市名片已成为各地对于广州的最新记忆。

◀ 广州图书馆

◀ 南沙港

俯瞰海心沙公园 ▶

IFC
IMP

篇二

珠江见证

滨江而行，珠江两岸的景点、建筑、历史文物将带你穿越千年，寻找和发现广州故事。

第一章

从丝路之港到千年商都

1

2000 多年前，广州古港口停泊了数十艘体型庞大的木制商船，每艘船上都装满了中国产的丝绸。受益于珠江的水道资源，广州成为中国最早进行对外通商的港口，秦汉时期就是海上丝绸之路的主港。

丝路之港和千年商都

2000 多年前，广州古港口停泊了数十艘体型庞大的木制商船，每艘船上都装满了中国产的丝绸。受益于珠江的水道资源，广州成为中国最早进行对外通商的港口，秦汉时期就是海上丝绸之路的主港。

到了唐宋时期，广州成为中国第一大港，拥有彼时世界上最长的远洋航线——广州通海夷道。据《新唐书·地理志》记载，广州通海夷道全长 1.4 万千米，以广州为起点，途经 100 多个国家和地区，到达印度洋北部诸国、红海沿岸、东北非和波斯湾诸国。

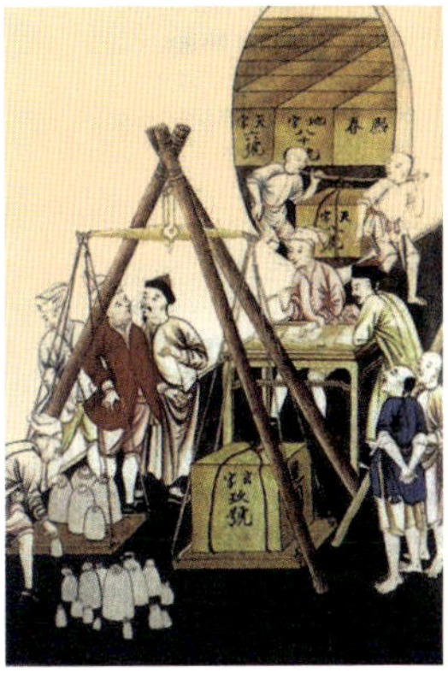

▲ 描绘广州十三行的中国商人向法国商人销售茶叶的图画

同样地，形形色色的西洋货品也通过这条航道，转运进中国。唐代诗人刘禹锡用诗句“连天浪静长鲸息，映日帆多宝舶来”，道出了广州古港的繁忙程度；宋代，和广州有贸易往来的国家和地区不少于 50 个；而明代是广州商业发展的又一个高峰，海上丝绸之路进入黄金阶段。

清代，在闭关锁国政策的统御下，广州是唯一一个“一口通商”城市，海上贸易繁忙如斯。事实证明，广州是世界航运史上唯一一个 2000 多年里长盛不衰的大港，“千年商都”实至名归。

广州航运繁盛了千年，催生了无数外贸商行，其中以清朝时的广州十三行为最。广州十三行是清政府指定专营对外贸易的垄断机构，拥有通往欧洲、拉丁美洲、南亚和大洋洲的环球贸易航线。

据记载，十三行的口岸，每天都聚集着大量的洋船，码头上货物堆积如山，水面上的货船如过江之鲫，繁华程度就如清代诗人李调元的诗：“奇珍大半出西洋，番舶归时亦置装。新出牛郎云光缎，花边钱满十三行。”十三行成为当时世界的“华尔街”，出现了一批世界级富豪，比如“广州四大富豪”伍秉鉴、卢观恒、潘有度和叶上林，家产总和超过了当时的国库，可谓富可敌国。其中，伍秉鉴 1834 年资产约为 2600 万两白银，被西方国家称为“天下第一富翁”。直至鸦片战争，十三行独揽中国外贸 85 年，使中国对欧洲的贸易维持了 100 年的贸易顺差，全球的金钱源源不断地流入中国。

▼ 十三行博物馆里留下当时景象的绘画

1856 年，具有 170 年历史的十三行被一场大火化为灰烬，4000 多万两白银化为珠江水，从此十三行在世界商业舞台上消失。

因与海外往来频繁，自唐代起，广州的街道上就出现了肤色各异的外国人，有阿拉伯人、中亚和西亚的大食人、碧眼金发的欧洲人以及黑人，数量在 12 万至 20 万人。当时的欧洲，最大城市的人口不超过 20 万人，广州的开放程度可见一斑。朝廷为此在广州专设“蕃坊”安置外侨，广州成了外国人认识中国的窗口。

发展到现在，尤其是改革开放后，广州作为中国窗口的国际地位愈发重要。尤其是依托于珠江的航运业发展得如火如荼，港口无论是数量还是规模都远超古代，其中以广州港为最。广州港地处珠江入海口和珠江三角洲地区中心地带，包括内港港区、黄埔港区、新沙港区和南沙港区四大港区和珠江口水域锚地，可通达 100 多个国家和地区的 400 多个港口。

近年来，随着国家“一带一路”倡议的推行，广州港作为海上丝绸之路的始发港再次成为世界的焦点。

▲ 描绘广州十三行贸易码头情景的水粉画（绘于约 1852 年）

■ / 古港见证丝绸之路

古代中国的陆上丝绸之路是指东起长安，经新疆至中亚、西亚及南欧的交通路线。自唐代以来，中原地区多次遭遇战乱破坏，中国河西走廊一带变得不畅通了，同时长江流域经济迅速兴起，促使政治、经济重心南移，陆上丝绸之路受到阻滞。而与之同时兴起的以广州为发祥地的海上丝绸之路则长盛不衰，从公元前2世纪形成的由广州至南洋各国及印度和西亚的海上交通是我国从古代到近代的主要对外贸易通道。新中国成立以来多次陆地和水下考古发掘的大量文物表明，海上丝绸之路源远流长，是我国对外关系的重要组成部分，对中国、亚洲及世界的政治、经济和文化等各个领域都产生了深远的影响。而作为古代广州港口的扶胥港，在海上丝绸之路的形成及发展过程中起了巨大的作用，南海神庙更是反映了朝廷对扶胥港的重视，显示了广州扶胥港在全国对外贸易中的地位。南海神庙见证了广州是海上丝绸之路发祥地的重要历史，见证了海上丝绸之路在漫长岁月中的发展历程。

▲ 南海神庙

▼ 黄埔古港遗风

1. 南海神庙（扶胥港）

在广州东面黄埔的庙头村，有一座古老而宏伟的庙宇——中国古代广州对外海上交通贸易的重要遗址南海神庙。南海神庙是我国古代海神庙中唯一遗存下来的最完整、规模最大的建筑群。始建于594年，距今已有1400多年的历史。现存的是清代建筑，但仍保留隋唐时期的规模和建制。1988年起，政府曾对南海神庙进行三次较大的修复，现已基本恢复了庙宇的古貌。中国古代海上丝绸之路从西汉时就已经开始形成，到了隋唐时期达到了鼎盛阶段。尤其是唐代，从广州出发的贸易船队，经过南亚各国，越印度洋，抵达西亚及波斯湾，最西可到达非洲的东海岸。明清之后贸易船队更远至欧美了。这条航线长达1万多千米，沟通了东、西方政治、经济和文化的交流，扩大了中国在世界上的影响力。早在2000多年前，广州就成为海上丝绸之路的起点之一。南海神庙前是古代海上丝绸之路航船出发的码头，码头外面是茫茫的大海——南海，大海又紧连着太平洋，通往印度洋。无论出海航船还是来自远方的航船，都须经过坐落在南海神庙的这个古码头。于是，中外商船经过这里都要停下来，到神庙内拜祭南海神，祈求保佑出入平安、一帆风顺。从此，神庙附近的扶胥镇便商旅云集，民间庙会交易频繁。南海神庙之兴旺，见证了广州作为中国门户、世界大港的千年辉煌。1992年，联合国教科文组织“海上丝绸之路”考察团乘“和平之舟”到达广州，第一个考察点便是南海神庙。

▲ 南海神庙万里波澄亭

▼ 南海神庙海不扬波牌坊

2. 黄埔村——粤海关

在广州海珠区的东南隅，有一个繁衍了 1000 多年的古老村子，它也见证了广州海上丝绸之路的繁荣。这就是古代粤海关的所在地——黄埔村。村中保留的大量遗迹和文物，见证了古代海上丝绸之路的世代繁盛，见证了黄埔古港独一无二的历史地位，也见证了广州的沧海桑田，黄埔村俨然是一座古代海上丝绸之路活的博物馆。

1685 年，清政府在广州设置粤海关，并在黄埔村南边的酱园码头设立黄埔挂号口后，黄埔村就成为中外贸易的必经之地和向外国商船征收关税之所。1757 年，清政府宣布撤销江、浙、闽海关，仅仅保留粤海关，并作出关于“嗣后口岸定于广东，夷船只许在广东收泊贸易”的决策。这样一来，偌大的中国海上对外贸易集中于广州一口进行，而且延续到 1840 年，长达近一个世纪之久。

粤海关设置于黄埔村范围的挂号口，简称“黄埔口”，是粤海关省城（广州）大关下属的一个税口。在黄埔口设有黄埔税馆、夷务所、买办馆和永靖营等机构，所以，黄埔挂号口虽然只是粤海关一个分口，却负担着管理广州对外贸易的职能。由于黄埔古港是外国商船到广州贸易的必经口岸，清政府明文规定：“凡载洋货入口之外国商船，不得沿江停泊，必须下锚于黄埔。”因此，来广州贸易的外国商船基本都是经黄埔古港进出。

据《黄埔港史》记载，从 1758 年至 1837 年，停泊在黄埔古港的外国商船共计 5107 艘，黄埔古港进入鼎盛时期。这里曾出现商船延绵数里的壮观景象，瑞典商船“哥德堡号”在 10 余年里 3 次抵达这里，黄埔古港的重要地位不言而喻。鸦片战争后，广州对外贸易的首要地位为上海所取代，黄埔古港也逐渐失去昔日的繁盛。

3. 粤海关

海关是海上丝绸之路至关重要的一环，粤海关大楼（俗称“大钟楼”）则是广州对外贸易发展的一个缩影，更是人们了解现代海关历史和广州乃至广东对外贸易发展变迁的重要窗口。

1685 年，清政府设立了中国首批海关（粤、闽、江、浙），其中粤海关就设在广州海珠广场旁的天字码头。1757 年关闭厦门、云台山、宁波 3 个海关，仅留广州一口对外贸易，粤海关遂居重要地位。鸦片战争前，粤海关并不直接管理来粤贸易的外国商人，而是通过特许商行——十三行进行管理。鸦片战争后，十三行垄断对外贸易的制度被废除，粤海关开始直接插手外贸管理。第二次鸦片战争后，广州被英法联军占领，粤海关开始逐渐被洋人控制。中国丧失了海关行政管理权、关税自主权，海关的主权旁落到洋人手里，最高首脑全都是洋人，中国人只能干些杂活，连海关建筑也是清一色的西洋式建筑。为争取关税自主权，从 1927 年开始，中国人民进行了艰苦持久的斗争，包括逐步废除一系列不平等条约和强加于中国的协定关税，改“值百抽五”税率为差等税率，改革海关行政管理体制等。其中，围绕着“关税余额”（又称“关余”）这一重要财政来源的斗争长达 7 年之久。新中国成立后，粤海关长期被洋人控制的历史从此终结。1950 年，粤海关正式改名为“中华人民共和国广州海关”，开启了人民海关历史的新纪元。

番外小知识

2006 年，广州海关办公地点正式撤出已经使用 91 年的粤海关大楼，迁往天河区珠江新城。海关总署于 2007 年 2 月批复，原广州海关的“大钟楼”将变为中国海关博物馆广州分馆。

▲ 粤海关大楼

▲ 1850—1855 年河南岛视野下的十三行和珠江景色

4. 十三行与十三夷馆

十三行是清政府指定专营对外贸易的垄断机构，又叫“洋行”或“洋货行”。1757 年，清政府一个命令，使广州成为全国唯一海上对外贸易口岸，史称“一口通商”，在这特殊条件下，往来广州的外国商人日渐多了，广州的对外贸易也日益兴旺。清承明制，既要广州对外通商，又规定外商不得与其他中国商人发生直接买卖关系，因此外国商人来华进行交易，都要指定行商作为贸易的经纪和代理，这些指定的行商所开设的对外贸易的行店，俗称“十三行”。只是“十三行”一名究竟起于何时，现在还不能确定准确的年份。屈大均曾写下一首《广州竹枝词》：“洋船争出是官商，十字门开向二洋。五丝八丝广缎好，银钱堆满十三行。”据此可知，“十三行”的称谓，在清初已为人所熟知，也从另一方面印证了当年广州对外贸易的盛况。此外，在十三行一带，又建有十三商馆，称为“十三夷馆”，由行商修建，租予外商住宿、办理商务和存放货物。

十三行的鼎盛时期是清乾隆到嘉庆年间。十三行最多时达几十家，其中以四大巨富——潘有度的同文行、伍秉鉴的怡和行、卢观恒的广利行、叶上林的义成行最为著名。

广州一口通商和十三行垄断贸易直到 1842 年才结束。在这一时期，广州的外贸以其得天独厚的地位，处于高速发展的黄金时代。到了近代，国势渐衰，十三行商馆也历经沧桑。1842 年，清政府被迫与英国政府签订了不平等的《南京条约》，其中“英商可赴中国沿海五口自由贸易”的规定，取消了广州行商垄断外贸的特权。1856 年，十三行惨遭大火，其国际贸易中心的地位便逐渐被上海、香港取代。

▲ 1822 年十三行遭遇大火的情景（1822 年，十三行附近一家饼店失火，波及十三行，大火连续烧了两日，损失惨重）

虽然十三行风光已不再，但人们仍然可以从广州西关的同文路、怡和大街、宝顺大街、普源街、仁安街这些由当年洋行名改成的街名中，寻觅当年十三行的辉煌。

5. 洲头咀、太古仓

洲头咀

公元8世纪，古代阿曼人建造的一艘大木船从阿曼重要商埠苏哈尔起航，航行6000余海里（1海里等于1.852千米），历经千难万险抵达中国广州的洲头咀（位于今广州滨江西路）。

阿曼位于阿拉伯半岛东南部，在波斯湾入口处，是亚洲与非洲贸易的重要中转站，也是远东与中东海上运输的停泊点。因此，早在1000多年前，广州同阿曼就有密切交往。中国一向大量使用乳香作为药材、调料和薰香，而阿曼盛产乳香，故阿曼商人长期向广州大量输入乳香，同时还输入龙涎香、苏合香、蔷薇水、珍珠、椰枣。椰枣便是此时移植到广州的，成为阿曼商人留下的纪念物。而阿曼商人则将丝绸、瓷器等各种深受阿曼人欢迎的中国工艺品运回去。在唐代，广州城外的珠江岸边（今光塔路一带）设有“蕃坊”，供外商长期留居，因而广州成了阿曼人最大的侨居地。

▲ 阿曼苏哈尔木帆船马斯喀特—广州航行纪念碑

▼ 雕塑广场船锚模型四周有6个舵盘

宋朝称阿曼为“勿巡国”，这时广州和阿曼的贸易比以前进一步发展，关系也比以前更为密切。广州“蕃坊”的管理者“蕃长”，曾由阿曼商人充任。宋神宗时，阿曼商人辛押陀罗在广州经商成了巨富，他经常回国鼓动其他人来广州贸易。1072年他回国时，宋神宗赐给他白马1匹，以示光宠。宋哲宗时，还封他为归德将军，这诰命由大文豪苏轼草拟《辛押陀罗归德将军敕》，内容是表扬辛押陀罗经常引导阿曼人来华贸易，成绩显著，希望他今后多做贡献。

为了纪念广州和阿曼这段友好交往的历史，在阿曼苏丹国的发起和资助下，一艘仿照《一千零一夜》中辛巴达当年造船模式而建的双桅木帆船“苏哈尔号”，于1980年11月23日从阿曼苏丹国首都马斯喀特起航，在海上经历了220多天的惊险航行，于次年7月11日安全到达广州，再次见证了广州作为古代海上丝绸之路起点的这段历史。

2001年，海珠区为了配合广州市“一年一小变，三年一中变”的工作，对洲头咀码头附近的环境进行整治，一座崭新的面积达2.3万平方米的洲头咀公园就诞生在美丽的白鹅潭岸边，成为“海珠十景”之一的“洲头烟波”的组成部分。2006年，瑞典仿古船“歌德堡”号来到广州，也停泊在洲头咀，引来广州市民争相参观。

番外小知识

脍炙人口的阿拉伯文学名著《一千零一夜》中，描写海上冒险家辛巴达的故事，就是取材于公元8世纪中叶阿曼著名航海家欧贝德驾船航行2年至中国广州的经历。

太古仓

太古仓位于海珠区革新路地段，建于二十世纪二三十年代，是清末民初中国海上丝绸之路历史文化延续的遗址之一，也是广州仍在使用的最古老的一座码头。

▲ 太古仓及码头

1856 年冬，广州十三行大火后至 1860 年英、法两国租借沙面作租界之前数年，外国人大都居住在河南地区现太古仓码头至白蚬壳轮渡码头一带。当时这一带仓栈林立，船艇聚集，是广州内港对外贸易的重要场所。根据广州档案馆的记载，1931 年 5 月，广州市政府土地局核发了太古仓的不动产登记确定证，法人代表是太古洋行，国籍是英国，住所是沙面英界 9 号，即原太古洋行的所在地。

太古仓至今仍保留着当时建设的 3 座“丁”字形栈桥式混凝土码头，码头岸线长达 300 多米。用来支撑码头的钢筋，尽管泡在江水之中几十年，至今不生锈，让人称奇。太古仓有 8 座英式建筑风格的仓库，面积达 1700 多平方米，除一座在 20 世纪 60 年代被火烧毁重建外，其余 7 座仓库基本完好，仍在使用。每两座仓库为一小组，屋顶相连接。仓库高约 6 米，每个并联仓库群组之间，是宽约 6 米的人、车通道。

新中国成立后，太古仓码头也一直是国家对外开放的一类口岸，经营中国内地沿海航线和港澳地区航线，以及东南亚各国的国际航线。抗美援越时期，这里是运送援越物资的重要港口码头之一。被命名为“海上英雄船”的广州海运局属“南海 1018”号船以及其他肩负运送援越物资任务的船舶，曾多次在这里停泊装卸货物。

随着现代运输方式的转变，海上运输船舶越来越大型化，对于码头的水深和设备要求越来越高，广州港的货物运输逐渐东移，太古仓的货物吞吐量日渐缩减。工业大道一片由原先的工厂区日渐转化为居住区，太古仓不得不面临着转型，古老的太古仓码头将改建成集港口历史展览、市民休闲、观光娱乐、餐饮商业为一体的城市滨水开放空间和新型体验式商业文化景区。

6. 中国进出口商品交易会馆的变迁

1957 年春，为了打破西方国家的封锁，促进我国社会主义建设的发展，经国务院批准，第 1 届中国出口商品交易会（简称广交会，2007 年第 101 届起更名为中国进出口商品交易会）在广州举办，至今已有 63 年的历史。在这 63 年间，广交会四换会址，从中苏友好大厦到侨光路陈列馆、起义路陈列馆再到流花路展览馆、广州国际会展中心，会址的变化也反映了广州乃至中国对外贸易的历史变迁。

中苏友好大厦

中苏友好大厦坐落在广州市北郊西村（现为流花路展馆 5 号馆机械大厅），于 1955 年 7 月底建成，是为当年 10 月 5 日开始在此展出的“苏联经济及文化建设成就展览会”而兴建的。这座大厦在当时百业待兴的广州显得十分雄伟和壮丽。

1957 年，第 1 届和第 2 届广交会在中苏友好大厦举行，当时展馆面积只有 1.8 万平方米，广交会租用的展出面积约 1.4 万平方米。其中展览洽谈场地面积约为 9600 平方米，另外还有办公室、接待室和洽谈室等约 4500 平方米。

侨光路陈列馆

从第 3 届（1958 年春交会）起，中国出口商品交易会迁至侨光路陈列馆举行。该陈列馆位于广州市侨光路 2 号，于 1957 年 11 月破土动工，1958 年 4 月竣工，楼高 5 层，占地面积 3500 平方米，展馆使用面积 1.3 万平方米。陈毅曾为该展馆题写“中国出口商品陈列馆”馆名。1958 年秋天，周恩来在陪同外国领导人参观出口商品交易会时说：“展馆太小，应建一座大馆。”所以，此馆只举办了第 3 至第 5 届中国出口商品交易会，共 3 届。

▲　第 125 届广交会舞狮表演

起义路陈列馆

经过广东省和外贸部的批准，位于海珠广场北面（今起义路 1 号）的陈列馆于 1958 年 11 月 1 日开始打桩，作为当时新中国成立 10 周年献礼的项目，工程仅用了 9 个月的时间，次年 8 月底即告竣工，于 1959 年 11 月 1 日迎接第 6 届中国出口商品交易会的开幕。该馆占地面积 10939 平方米，展馆使用面积 34475 平方米（约为侨光路陈列馆的 2.65 倍），中座楼高 10 层，西、北两翼各 8 层。馆内 1 至 6 层除陈列主要出口商品外，还设有交易洽谈室 70 多间，开幕期间在 7 楼还设有银行、邮电、保险、航运等服务台和样品零售处、酒吧间。尽管展馆一再扩建，仅过 4 年，展位供给又显得紧张起来。于是，1963 年秋交会起，侨光路陈列馆被拨作轻工、工艺分馆。

流花路展览馆

流花路展览馆坐落在广州市流花路 117 号，从 1974 年春交会起使用至今。该馆占地面积 97917 平方米，建筑总面积为 110491 平方米（含原中苏友好大厦）。郭沫若 1963 年 11 月 8 日来广交会参观时，题写了“中国出口商品交易会”9 个大字，现悬挂在主楼正面。1985 年，交易会大院与邻近的东方宾馆、流花宾馆、友谊剧院等建筑群被选为羊城新八景之一，享有“流花玉宇”的美称。从 1975 年以来，流花路展览馆曾先后进行了多次的加层、扩建、改造和整饰，总建筑面积达 17 万平方米。

7. 广州国际会展中心

2001年春天，广州市政府又在广州市东南部、北临珠江的琶洲岛，破土兴建广州国际会展中心。自2004年4月第95届起，广交会就全面启用了琶洲展馆。

广州国际会展中心位于珠水环绕的琶洲岛，上接科学城和五山大学群，紧靠“南肺”万亩果园，下接广州大学城及莲花山旅游休闲中心，地理位置优越。琶洲展馆建筑总面积70万平方米，首期占地43万平方米，建筑面积39.5万平方米，已建好16个展厅，其中室内展厅面积16万平方米，室外展场面积2.2万平方米，以展览、展示、表演和大型集会为主要使用功能，是目前亚洲最大的会展中心。

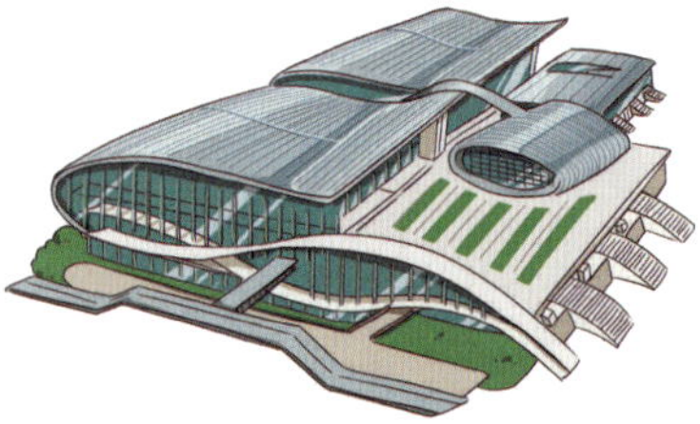

展馆还创下两项“世界第一”：一是单体展馆面积最大——39.5万平方米；二是钢桁架跨度世界最长——每个展厅顶部由6个长达126.6米的大跨度预应力张弦梁钢管桁架支撑着，是世界上跨度最大的钢桁架。

▼ 广州国际会展中心

8. 黄埔新港

清同治年间，各国商船停泊黄埔古港的盛况已然不再。昔日的繁华逐渐远去，幻化成古港遗韵与后人的想象。不过，古港并非真正退出，它跨越了千年的沧桑，它的余脉延续到了如今繁忙的黄埔新港——广州港，历史在这里仿佛又是一个轮回。

▲ 黄埔新港

黄埔港自 1685 年对外开放，在漫长的历史风雨中，既创立了我国独立自主的海关，也蒙受过苦难、屈辱，又掀起过汹涌澎湃的革命浪潮。

1844 年中法《黄埔条约》是在驶进黄埔的法国“阿吉默特”兵舰上签订的；1919 年孙中山在《建国方略》中主张建设南方大港，港址选定黄埔深水港；1924 年孙中山在第一次国共合作推动下于长洲岛创立“黄埔军校”。这些都无不与黄埔港有关。新中国成立以后，1950 年 10 月 15 日黄埔港恢复了生产，对黄埔老港进行了大规模扩建，一个崭新的“黄埔新港”沿老港以东发展，越过扶胥镇（南海神庙、庙头村），建在东江口西岸，并跨过东江，扩展到东莞新沙港区。

随着广州跨入世界一线城市的行列，城市规模和产业形态发生了翻天覆地的变化。在广州国际科技创新枢纽和国际航运中心的宏远定位中，黄埔区、广州开发区将开足马力发动“主引擎”。黄埔因港而兴，将来，也会因港的转型升级打造成为一个世界级的滨水新区。

9. 南沙港

南沙港区位于珠江西岸的广州市番禺区龙穴岛上，南向南海，东望深圳，西靠南（海）、番（禺）、顺（德），地处珠江三角洲地理几何中心，是广州—佛山经济圈通向海洋的必由之路，方圆 100 千米内覆盖整个珠三角城市群，是连接珠三角两岸城市群的枢纽性节点。港区一期 4 个 5 万吨级深水泊位工程于 2004 年 9 月 28 日建成投产。南沙港建成前，大型集装箱必须在香港中转，再运往广州。南沙港的建成，使广州大型的对外贸易成为可能。南沙港吞吐量已达 443 万箱，可以接纳世界上最大的集装箱和 10 万吨级别的集装箱船，平均每周有 20 个航班的集装箱从这里运往外地。马士基、达飞、中远、长荣、中海等世界顶级的船公司在此开通了至北美、欧洲、地中海、非洲、东南亚等地的国际班轮航线 20 多条。

番外小知识

在旅游方面，南沙港的优势也是令人瞩目的。邮轮航线目的地数量在全国排名前列，是中国内地东南亚航线最多的邮轮港口。目前，已开通出发往日本、越南、菲律宾等地航线 9 条，邮轮目的地 12 个。2019 年，在此发出的国际邮轮旅客超 40 万人次，稳居全国第三。

▼ 南沙港

10. 三塔锁珠江

关于广州，昔日有一句诗："白云越秀翠城邑，三塔三关锁珠江。" 三塔，指的是琶洲、莲花和赤岗三塔。在古人看来，珠江三塔构成了广州古城缜密而完整的风水格局，如果把广州看作一艘帆船，这三座塔便是船上的三支桅杆。

风水之说犹不足信。然而，这三座雄踞珠江的古塔，近 400 年来，确实曾是这座城市的标记。三塔巍然耸立，直冲云霄，是船舶从水路进入广州城的航标。三塔见证了广州海上丝绸之路的繁华，浮海而来的外国船员，看到这三座塔，便知已到这个南国都会。

▲ 琶洲塔

▲ 莲花塔

▼ 赤岗塔

琶洲塔

琶洲塔是明代砖塔，坐落在海珠区琶洲，它的不远处便是宏伟的广州国际会展中心。琶洲古称"琵琶洲"，是一个小岛，四面被滔滔江水环绕，与北岸相隔达两三千米之遥。作为一个江心洲，在明清时，琶洲是流经广州出海的珠江水道的咽喉，洲下是天然避风港，波涛不惊。自从建起琶洲塔后，人们路过这里，都可以看见琶洲塔巍然立于江心洲中，犹如中流砥柱一般，所以便称它为"琶洲砥柱"。"琶洲砥柱"被评为清代的羊城八景之一。

莲花塔

莲花塔，建于 1612 年，原名文昌塔，位于广州市番禺区东部珠江近海处的莲花山上，是省重点文物保护单位，也是海上丝绸之路的重要史迹。该塔雄踞珠江口岸，外来船舶以此为航标，因此又有"省会华表"之称。

赤岗塔

赤岗塔，临近广州塔，是广州市区现存的古塔之一，因地处赤岗，故名。其兴建于 1619 年，是继琶洲塔、莲花塔之后修建的第三座"风水宝塔"。历经时光洗礼，赤岗塔塔身的佛龛上，早就没有了神像，但是檐角锈迹斑斑的钟形铜铃仍在，每当风吹过，就会发出清脆的"叮叮"声。正是这种声音，在广州数百年无数个日夜回荡。

番外小知识

2005 年 12 月，广州地铁三号线有一个站以"赤岗塔"命名，后因运营需要，赤岗塔站于 2013 年 12 月 28 日正式改名为"广州塔站"。

第二章

佛法西来，自在广州

2

随着海上丝绸之路的兴起和发展，西方的宗教文化也源源不断地渗入广州，为广州城留下了一笔笔丰富的精神财富。对于这些西来的文化，广州不是拿来就用，而是将其生活化、本土化，最终又在世界上产生了影响。

西来初地与华林禅寺

西方的宗教文化开始在广州传播可以追溯到 527 年。那一年，印度佛教禅宗达摩禅师（即当时天竺国国王第三子）沿海上丝绸之路，在海上航行整整 3 年来到中国。他最初登陆的地方就在今天广州荔湾区的下九路一带，后人将其称为“西来初地”，迄今尚留下刻有“西来古岸”四字的碑石。这个名称和碑石，用“西来”二字很贴切且底蕴深厚，它不仅表明了达摩的来向，而且显示了这位历史人物在这里登岸所带来的重大而丰富的历史文化内涵。

▲ 西来初地

达摩到来不久，人们便在其登岸之处建造传教建筑，名为“西来庵”。今荔湾区下九路的西来正街、西来西街、西来东街等街巷名称都是为纪念达摩禅师传教命名的，也都与“西来庵”名字有关。

西来庵建成后，历隋、唐、宋、元、明、清诸代多次修葺，并经多次改建为砖木结构。1654 年，由庵内住持宗符禅师募资扩建，增设了禅房、僧房、大雄宝殿，又开拓庭院、广植树木、引入流水，营造起一座更清新、典雅、幽静的颇具规模的佛教丛林，占地面积达 3 万平方米，并将西来庵改名为“华林禅寺”。

继宗符禅师之后，其弟子离心和尚又继续修建，苦心经营近 10 年，华林禅寺僧侣云集，香火鼎盛，成为当时广州佛教的著名丛林之一。

▼ 华林禅寺

华林禅寺至今仍香火鼎盛，虽然真正一心向佛的善男信女寥寥无几，但每到初一、十五等民间传统的大节喜日，仍有相当多的都市人怀揣一颗祈福祝佑的平常心，在寺庙里烧香磕头、诵唱经文，过一过心灵的礼拜日，享受一番俗世尘喧中的洁净之灵怀。

寺内的五百罗汉像排排端坐，栩栩如生，惟妙惟肖，环踞庙宇廊中，气势静穆压俗，无声散透出的佛灵威慑力中又显具了人情练达的悲悯观相。这是粤人津津乐数的家珍殿宝，它是烦嚣俗尘中的一片禅荫、一方净土，在出世超凡的玄奥之气里蕴淀了日久天长的沁脾沉香和人情百味。

▲ 华林禅寺内

■ / 自在的“心”生活

广州作为“海上丝绸之路的东方始发港”，随着商贸活动的频繁，中西文化交流日益频繁。位于广州中心的另一座寺庙成为中西文化交流的阵地，那就是光孝寺。当时，中外高僧往来传法大多数来这里。其中，有一位中国的高僧将禅学在这里发扬光大，其思想影响了广州人生活的方方面面，在中国思想文化发展中占有重要的地位，而且对世界文明也有积极的影响。

676 年，惠能带着一身荣耀（禅宗的衣钵信物）、15 年的潜默以及弘法的决心（时当弘法，不可终遁）来到了广州法性寺（即现在的光孝寺），正值大禅师印宗在讲《涅槃经》，下面的人听得如痴如醉，突然起了一阵大风，刮得经幡呼呼响，印宗于是发问：“风动耶？幡动耶？”这一问下面的人炸开了锅，风动派和幡动派争得不亦乐乎，正在此时，一个不起眼的布衣站了出来：“不是风动，不是幡动，仁者心动。”这个不起眼的布衣就是惠能，于是，光孝寺成了他剃度的地方。寺内至今还保留着他的瘗（yì，音同“意”）发塔，而祖堂门口的对联“衣钵真传一花五叶”“法流东土二谛十宗”正是在述说着光孝寺对于禅宗、广州对于禅宗的地位。

广州，作为广东的中心城市和岭南文化的首善之区，禅宗，这个广东人自己创立的宗教和哲学，自然就像一场场春雨，“润物细无声”地影响和改变着广州人的人文特色、性格品质以及生活习惯和行为方式。禅生活或者生活禅，说到底就是一种“仁者心动”的活法。广州人的生活就特别在乎自己内心的感受，强调自己的“心水”，在乎自己“中意”（“意”即“心”），嘲笑那些“心多多”（三心二意）和“心嘟嘟”（指动了心想做某事，但还没有行动）的人。广州人不那么在乎别人的看法，怎么舒服怎么来，可以穿着波鞋上五星级宾馆，千万身家的大老板经常坐在夜宵摊前烤生蚝且乐在其中，说到底，我的生活我做主，是“食自己”。既然是“食自己”，那就一切臣服自己的内心，在乎自己的享受，让自己“自由自在”，这就是广州的“心”生活，无论非常态还是新常态，无论世界怎么变，为自己的内心活着，无诤三昧。“无穷般若心自在，语默动静体自然”，自在的城市无须解释。

惠能的禅宗思想不仅潜移默化地影响了广州人的生活，还影响了世界多国人民的生活方式，比如美国、日本、英国等。其思想之作被翻译成多国文字，产生了广泛的影响，至今在英国伦敦大英博物馆里还有他的塑像。这些都是中西文化相互交流和影响的见证。

◀ 光孝寺

第三章

敢为天下先

3

在中国近代史上，广东曾是许多重大历史事件的发生地，是中国近代思想家的摇篮，是重大革命运动的策源地，得风气之先。从1840年第一次鸦片战争开始，在中国近代史上发生的重大社会政治变革运动，其中心人物及事件的发生、发展过程，无不与广州发生紧密的联系。从洪秀全、康有为到孙中山，他们参与的震惊中外的起义、变法、革命活动，使广州成为中国近现代民主革命的策源地。

鸦片战争中的广州

鸦片战争前，清政府在对外关系方面主要采取闭关政策。在相当长的一段时间内，广州为全国唯一的外贸港口。当时广州的关税比世界其他国家低，广州商人又很守信用，治安条件较好，人身和财产都比较安全，许多外国商人都觉得在广州做生意比在世界其他地方更加方便和实惠，因此，广州成为西方列强开拓中国贸易市场的桥头堡。

▲ 虎门销烟

然而，受自给自足封建经济的影响，外国的棉毛制品及工业品很难在中国大批量销售，而中国的丝绸、茶叶等物品却可以畅销西欧各国，所以，鸦片战争前，中国的合法外贸一直处于出超状态。这样一来，以英国为代表的西欧列强在与中国的合法外贸中并没有得到太多利润，于是他们一直在挖空心思寻找拓展中国贸易市场的秘密武器，后来发现这一秘密武器就是鸦片贸易。

鸦片的大量输入，不仅造成白银外流、严重损害吸食者的身体，而且加剧了清封建王朝的统治危机。在此背景下，1839 年清政府派林则徐为钦差大臣查禁鸦片。林则徐率地方官吏，在虎门海滩将缴获的烟土全部当众销毁，获得了禁烟运动的伟大胜利，也严重打击了英国的鸦片贸易，于是，一年后，英国在珠江口发动了鸦片战争。

▼ 1839 年 5 月，林则徐虎门销烟前期封锁十三行逼洋商交出鸦片

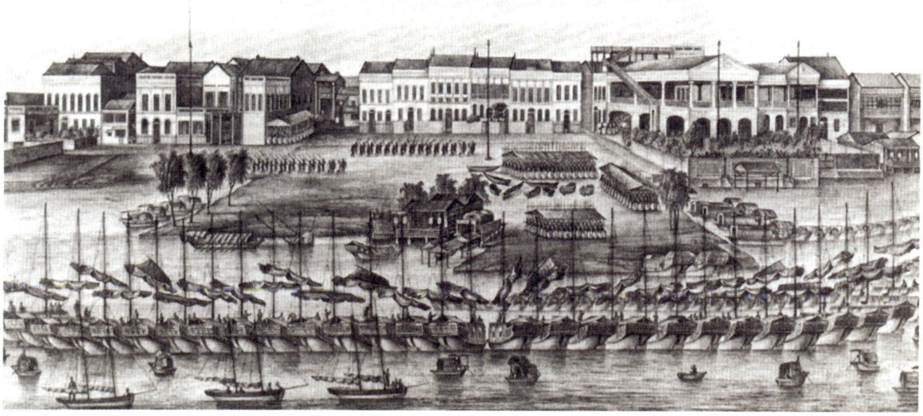

▲ 抗英烈士纪念碑

尽管清军武器落后，但由于林则徐认真备战，挫败了英军多次武装挑衅，取得了鸦片战争前哨战的胜利。林则徐的系列爱国举动惹怒了英国侵略者，他们给清政府施加了种种压力，无奈之下，1840 年 11 月，道光皇帝派琦善为钦差大臣到广州与英军谈判，琦善到达广州，一反林则徐所为，撤除防务，遣散水兵，镇压抗英群众。1841 年 1 月 7 日，英军突然进攻沙角、大角炮台，经过一番激战，沙角、大角炮台最终还是陷落。沙角、大角炮台失陷后，道光皇帝决定宣战，由于清朝武器落后，不懂战术，最终导致虎门保卫战失败，清军守将关天培等壮烈牺牲。4 月，奕山到达广州，由于未做足战前准备，在道光皇帝一再催促开战的情况下，5 月 21 日晚，奕山贸然发动夜袭，火攻敌舰，结果反被英军趁机反扑，占领城郊各据点，炮轰广州城，奕山等东躲西藏，最后派广州知府余保纯出城求降，于 27 日和英国订立《广州和约》，其中规定了清军退出广州、向英军缴纳“赎城费”600 万银元等内容。

英军占领广州城北各炮台后，经常四处骚扰、横行霸道、烧杀抢掠，广州人民对此深恶痛绝。1841 年 5 月 29 日，盘踞在广州北郊四方炮台的英军，闯入三元里骚扰抢劫。当地群众奋起抗击，打死英军数名。随后，全村男女老少在三元古庙集合，以三星旗为令旗，“旗进人进，旗退人退”，同时，还联络了附近的数千名农民和手工业者，手持大刀、长矛，冒雨迎敌。这次战斗，三元里人民大获全胜。为纪念这一重大史事，如今人们在广园西路三元里村北面建立了三元里人民抗英斗争纪念馆。

三元里人民抗英斗争的胜利，打击了资本主义侵略者，显示了广州人民决不屈服和敢于同敌人斗争的英雄气概，对当时及以后中国人民反对资本主义、帝国主义侵略的斗争起了很大的鼓舞作用，在中国革命史上写下了不朽的篇章。

▶ 三元里人民抗英斗争纪念馆

维新志士的摇篮——万木草堂

鸦片战争与甲午战争的惨败加速了中国社会半殖民地化的进程。西方列强趁机掀起侵略中国的狂潮，偌大的中国被分割成了一块块列强的“势力范围”，整个国家已呈豆剖瓜分之势。亡国灭种的危急形势迫使一些先进的中国人开始寻找新的救国救民道路。

1891 年，康有为在广州长兴里创办“万木草堂”，采取新式教学体制和教学方法，教学内容既有中学，也有西学，先后培养了千余名新式学子，成为戊戌变法策源地。1895 年，康有为与梁启超赴京参加会试，发动轰动全国的“公车上书”，揭开了戊戌维新变法的序幕。康有为先后七次上书，促使光绪皇帝下决心变法，颁布“定国是”诏，接连 60 多道变法“上谕”，内容涉及政治、经济、军事、文化、教育诸方面。“变法”虽以失败告终，但康有为倡导的维新变法运动深入人心，冲破了封建政治思想的钳制，成为导致中国近代史上第一次思想大解放的启蒙运动，客观上也为资产阶级民主革命的爆发埋下了导火线。

▼ 万木草堂

■ / 求索革命道路的策源地——博济医院

博济医院即现在广州长堤的中山医学院第二附属医院（中山医科大学孙逸仙纪念医院），它是 1835 年由美国传教士柏嘉所创办的，是中国及远东的第一所西医学院。因为以“博医济众”为宗旨，故名“博济”。

其实，孙中山寻求救国道路是从学医开始的。1885 年，中法战争结束，清政府屈辱求和。孙中山极为愤慨，想找出一条挽救疲弱中国的路。于是，他决心学医，立下“以学堂为鼓吹之地，借医术为入世之媒”“倾覆清廷，创建民国”的大志。

1886 年，21 岁的孙中山进入广州博济医院附属南华医学院学医。他一边学医一边结交郑士良、尤列、陈少白等反清志士，“致力于革命之鼓吹”。因此，博济医院是孙中山求索革命历程的第一地。现在，医院内广场还留有 1935 年纪念建院 100 周年时立的“孙逸仙博士开始学医及革命运动策源地”纪念碑。

一年后，孙中山为了方便发表革命言论，转入香港雅丽氏医院附属西医学院学习。5 年后，以全校最优的成绩毕业，并开始了他一边行医一边革命的生涯。

▼ 19 世纪 80 年代的博济医院

黄埔军校里的孙总理纪念碑和总理训词碑

■ / 国民革命运动的中心和根据地

博济医院成了孙中山弃医从文的转折地。后来，孙中山弃医从政，开始走上革命道路。从读书、行医，到走上革命道路，孙中山的人生足迹都涉及广州这座城市，直到晚年，他的根据地也一直在广州。

1894 年 11 月，孙中山创立中国最早的反清革命团体兴中会，首次提出推翻清朝政府，建立资产阶级民主共和国的理想。次年 10 月便在广州发动首次武装起义，虽因事泄流产，却是孙中山武装反清斗争的起点。1905 年 8 月，孙中山与黄兴等人在日本东京创立中国第一个资产阶级革命政党“中国同盟会”，以“驱除鞑虏，恢复中华，创立民国，平均地权”为宗旨；此外，他们首次提出“民族、民权、民生”的“三民主义”，确立了中国资产阶级民主革命的政治纲领。1906—1911 年，同盟会在岭南地区先后八次发动反清武装起义，其中尤以 1911 年 4 月广州黄花岗之役影响最大，直至同年 10 月武昌起义胜利，推翻清王朝的统治，结束了中国延续二千多年的封建帝制。

辛亥革命胜利果实被袁世凯篡夺后，孙中山又高举护法旗帜，于 1917 年、1921 年和 1923 年，先后三次在广州建立革命政权，为捍卫民主共和制度，与封建军阀进行不屈不挠的斗争。当他第三次回广州重建陆海军大元帅府大本营时，深有感触地说：“十三年以前，我们都是用广州做革命的起点，广州是革命党的发源地，是很光荣的。”

在孙中山 40 年的革命活动历程中，广州是他走上革命道路的第一站。推翻清朝统治后，孙中山更是以百折不挠的斗争精神，先后三次以广州为根据地，建立革命政权。珠江两岸留下了孙中山的革命足迹，留下了众多宝贵的革命史迹，比如大元帅府、天字码头、圣心大教堂、白鹅潭、黄埔军校等。

孙中山一生的事迹都与广州有着密切的关联，是广州成为近代中国民主革命策源地的一大关键，对于广州开放创新、敢为人先的城市品格的铸炼，具有特别重要的意义。

第四章

珠江边上的红色跫音

4

广州既有中共三大、广州起义这样对全国有深远影响的重大事件，又有像张太雷、叶挺、叶剑英这样的革命骨干力量——这是一座具有深厚革命底蕴和光荣革命传统的英雄城市，云山珠水哺育了一代代英雄豪杰，为了民族独立和人民解放，无数仁人志士和革命先烈用热血和生命谱写了一曲曲壮丽的颂歌，这座城市用丰富的红色资源锻造了鲜艳的精神底色。

中共三大决定国共合作

1923 年 6 月 12 日，中国共产党第三次全国代表大会在广州召开。大会决议实行国共两党合作，共产党员可以个人身份加入国民党，促使国民党成为民族民主革命联盟，并强调保持共产党在政治上和组织上的独立性。大会还提出了革命统一战线的理论，为第一次国共合作的建立做了必要的准备。

早在 1921 年 3 月，陈独秀与谭平山、陈公博等 9 人在高第街素波巷（今越秀区广州起义路素波巷）就建立共产党组织问题进行反复讨论，最后取得一致意见，并建立了广州共产党小组（后来按中央局决定统一改称“共产主义小组”）。陈独秀任书记（后由谭平山继任），陈公博任组织委员，谭植棠任宣传委员，将《广东群报》作为党组织机关报。这是中国共产党成立前的六个地方共产党小组之一。广州共产主义小组成立后，广泛深入地宣传马克思主义理论，创办革命学校，培养革命干部，组织掀起了工农运动，不断壮大革命力量。鉴于蓬勃发展的革命形势，广州后来就成了召开中共三大和中共中央局南迁的首选地。

1923年6月12日至20日，中共三大在广州东山恤孤院后街31号（今广州市越秀区东山恤孤院路3号）的一幢砖木结构的民房召开。出席会议的人员有陈独秀、李大钊、张太雷、蔡和森、瞿秋白、毛泽东、张国焘、项英、罗章龙等，广东代表有谭平山、冯菊坡、阮啸仙、刘尔崧等，共产国际代表马林，共30多人，代表全国420名党员。大会的主要议程有三项：讨论党纲草案；讨论同国民党建立革命统一战线的问题；选举党的中央执行委员会。会议的中心议题是讨论与国民党合作、建立革命统一战线的问题。陈独秀在报告中，着重说明了中国共产党决定和国民党建立革命统一战线的依据和过程。代表们就共产党员以个人身份加入国民党、建立革命统一战线的问题进行了热烈的讨论。经过讨论，大会接受了共产国际关于中国共产党同中国国民党进行合作的指示，通过了《关于国民运动及国民党问题的议决案》《中国共产党第三次全国代表大会宣言》等文件。这些文件的中心思想是，党在现阶段"应该以国民革命运动为中心工作"，共产党员以个人身份加入国民党，采取党内合作的形式，同国民党建立联合战线，以完成反帝反封建的国民革命的重要任务。文件还规定了要保持中国共产党在政治上的独立性的一些原则。会议选举了陈独秀、蔡和森、李大钊、毛泽东等9人组成第三届中央执行委员会。当选的中央委员在"春园"举行全体会议，决定由陈独秀、蔡和森、谭平山（后由于谭平山调职，改为王荷波）、毛泽东、罗章龙组成中共中央局；陈独秀为委员长，毛泽东为秘书，罗章龙为会计，负责中央的日常工作。

中共三大决定的国共合作策略，促进了第一次国共合作的实现，使共产党活动的政治舞台迅速扩大，加速了中国革命的步伐，为波澜壮阔的国民革命的到来做了思想上和政治上的准备。

广州农民运动讲习所

广州农民运动讲习所（简称“广州农讲所”）是第一次国共合作的成果，它以国民党的名义开办，但共产党人在其中起了主要领导作用。广州农讲所的学生在各地农村宣传发动农民群众建立农民自卫军,开展反对地主豪绅的斗争，掀起了各地农民运动的高潮，对推动全国农民运动做出了卓越的贡献。

1924 年 7 月，全国第一所农民运动讲习所在广州创办，由彭湃担任主任。从 1924 年 7 月至 1926 年 9 月，广州共举办了六届。前五届由彭湃、罗绮园、阮啸仙、谭植棠等担任主任，第六届由毛泽东担任所长。广州农民运动讲习所共培养了 800 名学生。农讲所最初招收的学员只限于广东省内，人数较少。为适应全国农民运动的迅猛发展，第六届在全国范围招收了 20 个省区的 327 名学员。

1926 年 3 月，国民党中央农民部聘请毛泽东担任第六届农民运动讲习所所长，5 月 3 日正式开学。毛泽东亲自讲授“中国农民问题”等 3 门课程，还按学员的省籍，组成 13 个农民问题研究会，拟定专题组织研究和讨论。此外，讲习所还组织学生学习军事，实行军事管理和训练，学生按军队编制编队，日常作息、上课、集会等都以军号为令。每一届学员都要进行军事训练，黄埔军校、东较场、黄花岗、白云山等都是当年他们操练和演习之地。1926 年 9 月 11 日，第六届农讲所学员毕业。为配合快速发展的北伐战争，学员全部以国民党中央农民部特派员身分分赴各地，直接投身农民运动。他们把农民革命的星星之火，撒向农村，点燃全国农民运动的燎原火焰。

▼ 广州农民运动讲习所

毛泽东在担任农讲所所长期间，还组织编印了一套《农民问题丛刊》，供全国各地从事农民运动的人员参考。丛刊内容共分三类：一类是关于农民运动的重要文献，如《孙中山先生对农民之训词》《中国国民党之农民政策》；一类是农讲所教员的专题研究报告，如《俄国农民与革命》《海丰农民运动报告》；还有一类是学生的调查材料。1926 年 9 月，丛刊第 1 辑出版，毛泽东为此专门写了题为“国民革命与农民运动”的序言。该文发表后，引起各方面的重视，9 月 21 日，被国民党中央农民部主办的《农民运动》第 8 期全文转载，它对推动全国农民运动蓬勃发展起到了重要的指导作用。

新中国成立后，广州市政府对农讲所旧址进行了精心保护，并多次拨款修缮和复原旧址。今天，农讲所旧址已被辟为革命纪念馆，成为爱国主义和革命传统教育基地。农讲所旧址正门悬挂着周恩来于 1953 年题写的“毛泽东同志主办农民运动讲习所旧址”的横匾。进入正门，跨过泮池上的石拱桥，就来到了大成门。当年农讲所的教务部和值班室、庶务部就分置在大成门的两侧。所长毛泽东的办公室兼卧室在东耳房，其室内设备十分简陋。东南角有一张木板单人床，床前放着一对湖南式的方形竹箱，是存放衣物和书籍的用具。在靠西边窗下，放置了办公桌和椅子，办公桌上摆着学员的笔记本、书报和文稿以及墨砚、笔架、毛笔等。所有这些，都会使人们想起当年毛泽东在这样简陋的环境中孜孜不倦地工作和学习的情景。大成门的西耳房是图书馆。宽敞的大成殿为课堂，崇圣殿正间是膳堂，东间为军事训练部，前院的两庑（wǔ，音同“五”）和后院的两廊都是学员宿舍。宿舍内除部分架子床外，多数是竹木搭成的通铺。两庑的前半部被辟为陈列室，展示当年农讲所的文物和学员、教员的相片以及他们的简历，供后人瞻仰。

广州起义建立广州公社

广州起义是中国共产党独立领导工农兵武装建立苏维埃政权的一次伟大尝试，它和南昌起义、秋收起义一道成为中国共产党领导革命战争和创建红军、实行工农武装割据的伟大开端，推动了工农革命的发展，为中国革命斗争提供了宝贵的经验，在中国革命、中国共产党的历史上具有重要地位。

1927 年 8 月 7 日，中共中央在汉口召开了八七会议，确定了土地革命和武装反抗国民党的总方针。1927 年 8 月 11 日，刚成立的中共中央南方局根据八七会议精神，部署南方武装暴动。11 月初，张太雷、瞿秋白、苏兆征等制订了广州起义的计划。11 月 26 日，张太雷从香港返回广州，秘密组织召开了有部分省委常委参加的会议，决定趁张发奎在广州兵力薄弱的有利时机，组织共产党人所掌握的第四军教导团和警卫团一部以及工农武装举行起义，成立了以张太雷为委员长，黄平、周文雍为委员的革命军事委员会，负责领导起义的各项工作。

▼ 广州起义纪念馆内

12月6日，中共广东省委在张太雷主持下，召开了紧急会议。会议讨论通过了起义的纲领、宣言、告民众书等文件，以及成立苏维埃政府的人事安排等问题；研究了起义力量的部署和军事行动，并决定于12月12日举行起义。起义前夕，汪精卫和张发奎对起义的计划有所察觉，准备解散教导团，对广州进行戒严，并调其主力部队赶回广州。形势骤变，中共广东省委决定提前于11日凌晨举行起义。

12月11日凌晨3时，中国共产党领导的广州起义爆发。工人、士兵同时出动，向预定目标发起进攻。霎时，红旗招展，枪弹如雨，喊声如雷。经过多番激战，反动势力逃到珠江南岸。两小时后，珠江北岸地区基本被起义军占领。这次起义得到工人、农民、士兵、学生及广大群众的支持。

12月11日上午6时，广州苏维埃政府（后人称为“广州公社”）诞生，并成立了工农红军指挥部，以叶挺为总指挥、叶剑英为副总指挥。工农红军的名称首次出现在广州。12日中午，举行拥护苏维埃政府大会。大会通过了起义纲领，包括建立苏维埃政权；消灭反革命；没收大资本家财产，工业国有；没收一切土地归国有，归农民耕种；组织红军，联合苏联；打倒帝国主义等。

此时，国民党联合英、美、日等帝国主义向广州反扑。躲在珠江南岸的敌人在帝国主义军舰掩护下，渡江直扑起义总指挥部。张太雷闻讯乘车赶往大北门，途中遭敌人伏击而壮烈牺牲。

▼ 广州起义烈士陵园

起义总指挥部鉴于敌我力量悬殊，为保存革命力量，决定撤出广州。许多工人赤卫队队员没有接到撤退命令，与敌人展开巷战，英雄事迹可歌可泣。广州失陷后，从 12 月 14 日至 19 日，被杀的共产党员和革命群众多达 5700 人，一些参加中国革命的苏联和朝鲜革命者也献出了宝贵的生命。

1954 年，广州市政府在当年烈士牺牲的红花岗（位于今广州市越秀区中山二路 92 号）兴建了广州起义烈士陵园，1957 年正式对外开放。陵园总面积 18 万平方米，分陵区和园区两部分，陵区有正门门楼、陵墓大道、广州起义纪念碑、广州公社烈士墓、中苏人民血谊亭、中朝人民血谊亭以及叶剑英元帅墓等。正门门座以白花岗石为基础，配以橙红色的琉璃瓦顶，双阙正面石壁镌刻着周恩来手书的“广州起义烈士陵园”8 个大字。陵墓大道宽阔笔直，两旁苍松翠柏，红花不绝，四季常青。1963 年和 1986 年该陵园两次以“红陵旭日”入选“羊城八景”。

第五章

改革开放的桥头堡

5

作为改革开放前沿地广东省的省会城市，广州始终跳动着改革开放的脉搏，在全面深化改革的大潮中永立潮头：价格改革在这里率先“破冰”；第一家自选超级商场在这里开办；中国内地首家五星级宾馆诞生于此……40多年来，以梦为马，广州在不同的时代给出不同的机遇，让一代代人用敢闯敢试、拼搏实干的精神去解答、去探索。40多年来，敢为人先，凝结成中国改革开放历史进程中的广州力量。

白天鹅宾馆：在改革开放中翱翔

▲ 白天鹅宾馆“故乡水”

白天鹅宾馆诞生于 1983 年。作为中国第一家中外合作的五星级宾馆，37 年来，它沐浴着改革开放的春风，伴随着改革开放的发展而成长，它是国家在改革开放的试验田里播下的种子，是广东作为改革开放排头兵、先行地、实验区的生动缩影。透过白天鹅宾馆这一扇独特的小窗口看大世界，也让世界透过小窗口看中国发展的大改革，充分感受改革开放的伟大成就。

1983 年 2 月 6 日，这座位于沙面白鹅潭畔、总投资约 4500 万美元的中外合作宾馆正式开业了。开业后，白天鹅宾馆进行了诸多改革，如推进物资物价改革、工资制度改革、创新人才培养机制等。

刚开张，白天鹅宾馆就大胆放开了物价。当时，市面上的云吞面价格是 5 角钱左右，白天鹅的标价则是 4 元；啤酒外面卖 4 角 8 分，白天鹅卖 2 元多……自此，员工福利得到了改善，生产和市场日渐活跃，实现了良性循环。

接着是工资制度改革。1986 年，白天鹅宾馆放开手脚给员工加薪。1988 年，又进行了 3 次调薪。调薪后，管理人员月薪为 1000—2000 元，普通员工也有 400—600 元。后来，别的酒店也跟着一起提高了员工工资。

▼ 白天鹅宾馆外景

为了更好地实现自行管理，白天鹅宾馆在人才培养上也建起了“阶梯式”培训机制，每年选派部门经理到美国、瑞士等国家进行培训。通过专业培训，白天鹅宾馆内部管理人员的事业和格局也迅速打开。后来，白天鹅宾馆还成立了专门的培训部，在国内开办学习班，实现了管理人才的自主培养。

白天鹅宾馆的成功带动了大批外资进入广州，相继进入中国的酒店业乃至其他更多的领域，参与到改革开放进程之中，促进“三资”企业的发展。1979 年至 1987 年，广州市实际利用外资金额达 6.93 亿美元，居全国十大城市之首。在这短短几年间，广州这个计划经济时代的国家非重点投资地区，经济总量迅速跃升至全国前列，“北上广”一说渐成气候。

▲ 白天鹅宾馆夜景

▼ 白天鹅宾馆外景

广州友谊商店：见证改革开放发展史

在大大小小超市遍地开花的今天，逛超市购物是人们生活中再寻常不过的事了。然而在 40 多年前，那个商品供应短缺、大部分生活用品都要凭票供应的年代，在商店购物，不仅有三尺柜台将售货员和消费者隔开，而且货物品类少、供给也短缺，消费者往往是“有啥票就买啥”，选择余地很小。

中共十一届三中全会召开以后，中国迎来了改革开放的浪潮。随着人民群众消费能力与消费需要的提升，传统的零售方式已经明显落后于时代，无法满足人们的需求，变革的呼声越来越大，而广州友谊商店敏锐地抓住这一信息，并综合运用了自身及各方优势——广州作为改革开放前沿阵地，允许友谊商店享有直接进口的报关资格；在企业层面，领导层改革创新意识强烈；广州毗邻港澳，可以直接借鉴其超市的先进经营理念。良好的政策、创新的氛围、优越的地理位置，这些都是促成广州友谊商店开办全国第一家自选超市的因素。

1981 年 4 月 12 日，经过一段时间的筹备，广州友谊商店创办的自选超级商场正式对外营业。这座仅有 270 平方米的小超市，成了当时全国首家采用全敞开式无人销售、顾客推购物车自选商品、通过电子收款机一次性结账的购物商场，从此改变了人们的购物方式：不再是一手交钱一手交货；“不需凭票、不再限量”；货架上的商品，任君选择。这一新奇的购物方式瞬间点燃了人们的购物热情，还刮起了一阵开办自选超市的春风，全国各地的超级市场如雨后春笋般相继开办。这不仅促进了国内零售业销售模式的转变，更意味着国内商品供应模式和供应能力的变化和提高，使行业上下游都产生了重大变革。人们从此可以自由自在地购物，也是物质生活水平提高的重要体现。

■ / 广交会：一张 62 年的城市名片

广交会是中国对外开放的窗口、缩影和标志。改革开放给广交会的发展注入了强大的活力，广交会又是中国改革开放的重要窗口，是扩大进出口贸易的重要平台，是实现引进来与走出去的桥梁和纽带。广交会见证了 40 多年改革开放不断向深度推进的伟大历程，是改革开放取得历史性成就的最好例证。

自 1957 年创办以来，广交会始终秉承“忠于使命、勇于开放、坚韧不拔、改革创新”的精神，为我国改革开放做出了重要贡献。改革开放之前，中国的外贸经营权高度集中，首届广交会只有 13 家外贸专业总公司组团参展。改革开放打破了外贸行业垄断，生产企业、外资企业和各类新兴企业不断涌现，形成了万马奔腾的大经贸格局。为适应外贸主体多元化的发展步伐，广交会多次改革组展体制，推动参展主体从国有外贸公司“一统天下”到国有、外资、集体、私营企业“百花齐放”。加入世贸组织后，我国外贸迎来持续快速发展新时期。广交会顺势而动，按专业分期举办，吸引更多生产企业、私营企业和外资企业参展，形成了不同类型、不同所有制企业共同开拓国际市场的格局。

在不同发展阶段，广交会紧紧围绕国家改革开放大局，紧扣破封锁创外汇、建设贸易大国和早日建成经贸强国三大核心任务，坚持新发展理念，贯彻实施“一带一路”倡议，实行“大经贸”“市场多元化”“以质取胜”和“科技兴贸”等战略，为中国制造、中国企业和中国品牌走出去，为扩大出口、促进进口，为建成贸易大国、加快经贸强国进程，为促进我国对外开放和开放型世界经济发展作出了积极贡献。

改革开放以来，中国抓住全球产业转移的机遇，形成了完整的制造业体系，发展成为世界制造业大国。广交会依托中国雄厚的制造业基础，紧密结合对外经贸发展战略，不断完善参展资格标准和展区设置，吸引行业龙头和高新技术产品参展，提高出口商品的质量、档次和附加值，增强国际竞争力。经过40多年的发展，广交会的出口商品不断升级换代，已经实现从主要出口初级产品向主要出口制成品转变，高端化、智能化、品牌化、定制化产品成为主流。

广交会服务推动形成全面开放新格局的积极作用值得期待。习近平总书记指出，中国开放的大门不会关闭，只会越开越大。随着国家一系列扩大开放的政策措施落地，特别是面对当前世界经济不确定性因素增多的复杂局面，应对“稳中有变”、持续实现稳中有进、推动经济高质量发展，势必要求广交会作为促进对外开放第一平台，以更大作为做出更重要的建树。创新体制机制和商务模式，提升国际化、专业化、市场化、信息化水平，更好地支持企业开拓市场、做强品牌，促进外贸转方式调结构，培育外贸竞争新优势，推进贸易强国建设，推动形成全面开放新格局，促进中国外贸更加平衡发展，广交会重任在肩。

沧海桑田，时代巨变。改革开放的春风，透过广州这扇窗吹绿神州大地，续写了万物复苏的“春天故事”；进入新时代迈向新征程，被春风唤醒的开放基因，仍在广州的血液里流淌。拥抱变化，砥砺前行，改革不停顿，开放不止步，广州在路上。

◀ 广交会流花路展览馆

番外小知识

广交会，全称“中国进出口商品交易会”，创办于1957年春，每年春、秋两季在广州举办，是中国目前历史最长、规模最大、商品种类最全、到会采购商最多且分布国别地区最广、成交效果最好、信誉最佳的综合性国际贸易盛会。

第六章

一江两岸，时代的见证者

6

2018年6月，由广州市规划院统筹编制的《珠江景观带重点区段（三个十公里）城市设计与景观详细规划导则》（以下简称“规划”）正式公布。规划是《广州市城市总体规划（2017—2035）》中广州总体城市设计专项的重要组成部分，将成为广州优化城市空间发展格局，强化城市枢纽网络功能，加强城市精细化管理，建设独具特色、文化鲜明的国际一流城市的重要抓手。

珠江是广州最大的自然财富，在本次规划中承载着重要的历史使命：打造世界级滨河国际门户、为广州市民打造开放的公共滨水空间体验、打造蓝绿场所和活动贯通的滨水公园、转化珠江从分割到联系南北串联、引导滨河发展由西向东、颂扬广州的滨河文化遗产岭南的馈赠。利用好、保护好珠江，让广州城市生活重心重新回归珠江两岸，同时激活这座承载着丰厚岭南文化的城市自我更新，并使其在 21 世纪持续保持领先地位。

广州依水而生、依水而兴，珠江是广州的立城之本、营城之源。规划提出以珠江水系为脉，按照建设美丽宜居花城、活力全球城市要求把广州建设成为国际一流城市，构建云山珠水相望的景观，彰显珠江文化魅力，打造“大美珠江”，塑造花城如诗、珠水如画的世界级滨水区，实现精品珠江三十公里大开放的总体目标，着眼于沿珠江水系的城市空间发展，以贯穿广州两千年发展的珠江水系为核心纽带，优化一江两岸三带、强化多点支撑。

■ / 景观改造

广州要成为全球城市，成为向世界展示中国特色社会主义制度的窗口，这是广州的大视野和大格局。而能够将这种大视野和大格局具象化的，无疑是广州的城市景观，穿城而过的母亲河珠江两岸三十公里景观带就是最好的载体。

改造珠江沿岸景观就要以珠江水系为脉，按照建设美丽宜居花城、活力全球城市要求，以全球城市的视角，紧扣“一江两岸三带”，对标国内外一流城市，把广州规划建设成为国际一流城市，构建云山珠水相望的景观视廊，彰显珠江文化魅力，打造“大美珠江”，塑造花城如诗、珠水如画的世界级滨水区，实现精品珠江三十公里大开放。

▼ 珠江两岸

首先，要构建行间见绿、开放疏朗、生态宜人的滨江生态开放绿带。严控河道蓝线和滨江绿线，沿岸规划建设 100—200 米宽的滨江绿带，滨江规划绿地增加约 40%，保留珠江两岸更多宽阔绿地，提升滨江生态走廊功能。严控滨江建筑高度与整体尺度，塑造前低后高、错落有致的滨江建筑形态，打造开放疏朗、生态宜人、市民乐享的滨江生态绿色长廊。

此外，要挖掘珠江母亲河的文化魅力，把更开放、更开敞、更生态的滨江公共空间留给市民。挖掘广州已有之美和珠江沿岸文化魅力，精心打造珠江沿岸重要节点，利用西关寻踪路、工业拾遗路等 7 条“最广州”历史文化步行路径，串联广州历史文化街区、文物古迹、特色工业遗产、地道美食等城市目的地，形成由“目的地—路径”构成的珠江滨水公共空间体系。同时优化滨江绿带公共空间品质，在沿岸绿带中增加景观雕塑、艺术小品等艺术文化设施，设置主题广场、最佳摄影点等公共活动场地，完善休憩服务点、公厕等公共设施。

▼ 珠江两岸步道

珠江景观带同时也是产业集聚区，规划提出要恢复老城千年商埠风采，通过平衡老城的新与旧、传统与现代、文化与活力的关系，融入艺术文化、城市消费、观光旅游、创意办公、展示展览等高品质业态功能，为老城滨江业态注入新活力。

充分利用东部沿江发展带位于粤港澳大湾区东西岸交会顶点的区位特点，发挥黄埔航运物流贸易基础和千年海丝文化积淀优势，对接广深科技创新走廊发展，吸引会议商贸、科技创新、文化商旅等高端要素沿江集聚与布局，支撑广州更好地融入湾区发展大局。

◀ 海珠广场的广州解放纪念碑

绿化工程

至 2020 年，珠江核心段白鹅潭至南海神庙 30 千米将分 18 个重要节点，建设 6.01 平方千米景观绿化工程，打造具共享性、生态性、连续性的魅力景观岸线，使珠江成为世界名河、花漾珠江。

一、3 个 10 千米绿化景观带

针对珠江核心段白鹅潭至南海神庙 30 千米，打造 3 个 10 千米绿化景观带。其中西 10 千米结合传统历史风貌，以多类型立体绿化为主，增加开花植物，形成温馨、舒适、典雅的主题景观段；中 10 千米采用现代简约手法，建设串联成网的绿道缓跑径，形成连续开敞、舒朗通透的高品质国际都市主题景观段；东 10 千米采用自然生态手法，以湿地类型为主，统筹岸线和江心岛，形成自然、生态、野趣、科普的主题景观段。

二、重点打造 12 条特色道路

特色道路绿化景观打造结合重点地区发展、重要园林景观路线，依据现有道路的绿化现状，分别以迎宾花带、花影绿廊、凤舞绿带和宫粉映湖等为主题，以宫粉紫荆、凤凰木、黄花风铃木等为主题树种，重点打造机场高速、临江大道、白云大道和麓湖路等 12 条特色道路，形成一路一景一特色，让广州真正成为“无处不飞花”的花城。

▼ 珠江两岸绿化景观

三、重点改造 15 个重要城市出入口

城市主要出入口景观是一个城市风貌特征的体现，也是一个城市对外展示的第一窗口。对南沙港快速路仑头立交、东南西环快速路土华立交、南沙港快速路七星岗立交等 15 个重要城市出入口背景森林景观进行改造，以现有优势树种绿色为本底，采用斑块状种植木棉、宫粉紫荆等开花及色叶树种，达到季相变化、四季有花的景观。不同城市出入口森林斑块的主色调各有侧重，形成不同类型具有岭南特色的森林景观，从而提升城市文化品位。

四、全市最终形成 110 个赏花点

努力打造花城名片，以保持和巩固“花城”美誉，让“花城”实至名归。采用点线面结合，在森林公园、街心公园、社区公园和街头绿地等，实施一园一特色、一园多景工程，以宫粉紫荆、木棉等主题花树，采用大规模片状种植的方式，打造一批有视觉冲击力的主题花景，使花城广州特色更加鲜明。计划到 2020 年，在全市范围内新增 85 个赏花点，提升 25 个赏花点的景观，最终形成 110 个赏花点，以使广州花城全年可“赏百花、游千景、食花馔、吟花词”。

城市滨水区是城市中最具生命力与变化的景观形态，是城市中理想的生态走廊，是城市特色集中表现的荟萃点，无论是本地的市民，抑或外来的游客，都能从它的景观表达中感受到城市的自然环境、人文环境、文化风貌的综合印象。广州珠江两岸环境景观建设工程，为美丽的广州又增加了一道亮丽的风景线，成功地把珠江的文化、历史内涵很好地在新堤岸的设计中体现出来，集功能与景观于一体，真正成为广州城市景观的重要标志，并为广州市赢得 2002 年联合国最佳人居“迪拜奖”及 2004 年建设部“中国人居环境范例奖”立下功劳，为广州实现“山水城市”的目标迈出了坚实的一步。可以毫不夸张地说，经过改造的珠江可谓“一河两岸尽流金”。

篇三

珠水人家

有人说广州是一座“既可以喝凉茶，又可以‘叹咖啡’的城市”，有人说广州是一座“既可以玩命打拼，又可以养生静心的城市”。广州在地理上海纳百川，在文化上同样兼收并蓄、包容一切，广州已成为集产业、生态、文化和养生于一体的宜商宜居大城。

第一章

从水上人家到宜居之地

1

想起旧时疍家仔，
黄连树上挂苦瓜。
由头苦到脚底下，
今日船民翻了身。
甜橙树上挂西瓜，
头又甜来尾又甜。

这是一首咸水歌，是几代老广州人耳熟能详的歌谣，它所写的是水上人家的生活日常。古老羊城广州历来水道纵横，有不少水上人家聚集在珠江两岸，特别是二十世纪四五十年代江边泊满成群结队的疍家艇。这是广州曾经蔚为壮观的一景，承载了多少代广州人的记忆。

根据1930年7月的人口统计，当时广州的“艇户”约有15000只。在很长的时间里，这里的“艇户”生活困难，得不到各界的关注和关心。使他们的生活出现转折的是，1960年，周恩来视察广州，之后留下“政府鼓励疍民上岸定居，为他们修建安置房屋”的指示。

当时，在基立村、荔湾涌、大沙头、二沙头、滨江东、南园、素社、石冲口、科甲涌、如意坊、东望、猎德等15处建渔民新村，成为上岸后的疍民最主要的聚居点。在这些聚居点里面，现在只剩下黄埔古港附近的一个渔民新村仍有疍家人居住。从那时起，不少疍家人开始陆陆续续搬离水上，与陆上居民融为一体。

如今在经过大元帅府附近时，看到的橙色屋顶的住宅区便是最早的“水上居民新村”，在黄埔新洲一带还存在着一些当地人称为“水棚”的水上建筑。这批水上居民新村建筑群具有重要的历史价值和建筑价值——珠江两岸水上居民多年水上飘荡的生活及受人歧视的历史，至此终结。

昔日珠江上水上人家困苦的生活已逐渐淹没于城市发展的洪流当中。但广州这个城市至今依然留下他们深深的烙印——炒田螺、艇仔粥、咸水歌，这些人们最为熟悉的东西都源自疍民。他们是广州历史的一部分，或者说，他们本身，就是广州的一部分。

如今，海珠四面环水，环珠江江岸线长达47千米，开阔的珠江江面上，绚丽的游船缓缓行进，堤岸上一棵棵大榕树荫翳蔽日、苍翠欲滴，人们在江边吹着风，或聊天，或散步，或喝茶。岸边，“云山叠翠、珠水夜韵”，珍稀的江景自然资源使城市中心望江豪宅价值与日弥珍。除传统的滨江东路豪宅一条街外，一些新的江景楼盘层出不穷，其中比较典型的是海珠西望江豪宅板块和南望江楼盘的兴起。鳞次栉比的高楼大厦演绎着广州历史与现代深度融合、传承与创新共生共荣的独特风韵。一个花城如诗、珠水如画的世界级滨水城市，正沿着珠江徐徐展开。

▲ 珠江的水上居民

番外小知识

咸水歌，珠三角地区的疍家渔歌，它既是疍民闲时以娱乐的船歌，又是疍家迎娶习俗、庆贺中秋的一种艺术形式。但随着经济生活的改变，咸水歌日渐式微，成为广东非物质文化遗产。

第二章

食在广州

2

作为千年商都和改革开放的前沿地，广州是真正的万国美食博览馆,漫步在广州街头，可以吃遍四海，人间的酸甜苦辣咸，这里全包括。也许并不是每一个餐馆都称得上真正的地道，但每一个餐馆都具备了相当高的自家菜系的料理水准。食材汇聚，名家荟萃，各种技法互相碰撞交流，激发出无穷的创造力，从而让饮食进化出更多的模样，这才是“食在广州”的根本所在。

广州解放前，“食在广州”虽曾盛极一时，但当时能容纳1000名顾客同时进食的店楼1间也没有。解放后，广州饮食业发展很快，改建、扩建、新建了不少酒家、饭店、茶楼。现在市饮食公司所属的酒家、饭店营业面积在2000平方米以上，1次可开筵百席的酒家、饭店就有15家，其中有的是园林式的，厅房优美，楼堂华丽，设备高雅。如解放前是茅舍草棚的泮溪、北园酒家，已改建为环境优美、设备高雅的园林式酒家；解放后陆续新建的南园酒家、东山饭店、华北饭店、荔湾饭店、南国酒家、西园酒家、沙河饭店，亦布局合理，设备完善。在这些名店、大店，美馔佳肴各具特色，烹调技艺各显所长。既有传统的名菜美点和创新菜色，也有地方风味的菜色、点心，如潮州菜、东江菜、京菜、津菜、川菜、上海菜、素菜等。这些都是“食在广州”的一个缩影。除了这些名店、大店外，还有面向大众、遍布大街小巷的中、小饮食点档。较有代表性的是市区内由110户形成的西濠马路、广大路、第十甫、龟岗、洪德路5个小食群。这些小食群集广州小食品之大成，有粥、粉、面、饭、糕点、包、饺、甜品冷饮等，南北口味，早茶夜宵，外卖内吃，各适其适，丰俭由人。

▼ 北园酒家

许多人说“食在广州”其实讲的是在广州可以吃遍四海，西式的、东南亚的、非洲的，川湘味、苏杭菜，人间酸甜苦辣咸，这里全包括。广州作为千年商都和改革开放的前沿地，不排斥不拒绝任何美食，漫步在广州街头，如果只看餐馆的招牌，你完全无法分辨你所在的位置。广州是真正的万国美食博览馆，也许并不是每一个餐馆都称得上真正的地道，但每一个餐馆都具备了相当高的自身菜系的料理水准。食材汇聚，名家荟萃，各种技法相互碰撞交流，激发出无穷的创造力，从而让饮食进化出更多的模样，这才是“食在广州”的根本所在。

除了有来世界各地的美食之外，广州还有许多本土的街头美食、疍家美食。北京路的牛杂，荔湾区的小吃，仁信的双皮奶，德政中路的达扬原味炖品，如此等等，不一而足。疍家人的及第粥、状元粥和海水煮海鲜，五凤村的虾饺皮白如雪、薄如纸，潮汕的牛肉丸可以当乒乓球，客家人的盐焗鸡咸中带香，湛江人的杂鱼煲清一锅炖，白云山下的米粉带镬气，白云宾馆的猪手酸溜溜，以及今天的煲仔饭成了网红美食。

但广州不仅仅是舌尖上的广州，更是文化入喉，从物质到精神，要吃出人生的真谛来。广州人对于吃，已经上升到“叹世界”的高度了。在餐厅，在食肆，在排档，常常见一些老饕或吃货，一手夹着一根菜，一手顺时针抚摸着肚子，头后仰，嘴中念念有词，还带嘶嘶声：“舒服嚟舒服”。这，哪是在品尝美食，这品尝的分明是生活和人生。广州人喝早茶叫“叹早茶”，叹，享受的意思，这个字常用的组合式有“叹世界”“叹人生”。美食那么多，我想去“叹叹”。在广州众多美食当中，最让人感叹人生的非一煲老火汤莫属，即使“煲三炖四”，耗去了时间，也不管。在广州，能褒一手好汤是好妻子的准入证，而朋友之间最温馨的问候是“老兄，你应该多喝些汤啦”，因为汤不仅仅美味，更重要的是最好的药膳，缺什么补什么，哪里不舒服都可对症下药。当然，一份好汤不一定沉底，人生的乐趣就是要喝“头啖汤”。

生猛海鲜 ▶

广州人本味先行、不时不食，吃中见禅宗文化。禅宗说，随缘任运，但吃肉边素、明心见性，原味如初心。广州人重时令之选，从果蔬、禽畜肉到水产、海产，都有着一套“什么季节最适合吃什么”的说法，而且以滋补、养生为目标，形成了品种繁多的滋补菜式和药膳汤饮。例如，鱼以秋鲤、隆冬鲈为佳，虾有清明虾，蔬菜中有“北风起，菜心甜”。客家菜还有“冬羊、春鸡、秋鸭”等说法。食物本味就是“原味”，也称“自然之味”，清代著名美食家袁枚的《随园食单》指出，“一物有一物之味，不可混而同之”。广东临海，在广东人看来，香料是用来掩盖食材不新鲜的味道的。海鲜本身就已经各有独特之味，在烹制过程中保持其原味就好，调料只是作为一种佐料，使其本味能够更好地发挥出来。以蒸鱼为例，只需加少量生抽、姜和葱，带出海鲜的自然鲜甜味就可以了。

虽追求原味，但也不必执着原味，随时令变化而变化才是首选。广味既有原味，打边炉，也有冬吃萝卜夏吃姜，夏秋力求清淡，冬春偏重浓醇。秋风起，食腊味；到了冬天，前进路上有羊肉煲，还有大小食肆的铁板啫啫。世事无绝对，生活就是这样，有苦也有甜，左边凉茶铺，右边糖水店。

对于吃，广州可以满足你所有的想象，吃在广州，这才是人生。

叹早茶

▲ 广州酒家

▼ 陶陶居

饮早茶是广东人特有的饮食文化，早从清代已经开始在广州盛行了，相传源于清同治时期华人买办的一时灵感。有华人买办在招待西洋人用早餐时，出于礼节，不方便独享中国大餐，又吃不惯西方人的牛奶加面包，灵机一动，便用红茶与糕点代替，由于糕点不难买到，快捷方便又适合大众口味，很快便成了时尚，并加入多种食品普及到大众化了。

早茶主要由中式点心和茶水构成。配茶的点心除广东人爱吃的干蒸、马蹄糕、糯米鸡等外，还有著名的早茶四件套——干蒸烧卖、水晶虾饺、鲍汁凤爪、豉汁排骨，随着近年来外来文化的交流与融合，广州的茶楼也陆续增加了西式糕点。

其中，水晶虾饺最值得推荐。水晶虾饺是广东茶楼、酒家的著名传统小吃。由大只虾仁配上猪肉、竹笋制成肉馅，澄面、生粉制成虾饺皮。正宗的水晶虾饺色泽洁白晶莹，饺子形态美观，胚皮口感柔韧，馅心鲜美可口，没有虾的腥味，只有虾的鲜味。

广东早茶，不是消耗时间，而是消遣时间，时间因此变得有滋有味，呈现出生命的趣味与丰富。中国饮食文化博大精深，早茶也是其中的一大特色，早茶已经成为广东人不可或缺的一部分，它并不同于普通的早餐，追求高效率，早茶已经不仅仅是单纯的吃早餐了，更是一种属于广东人的独特的休闲方式，是许多人开启一天美好生活的根基。

陶陶居热闹的早茶茶市 ▶

喝靓汤

广州人爱喝汤，而且最爱喝“老火靓汤”。所谓“老火”，指的是经过几个小时燃烧的慢火；所谓“靓汤”，指的是以肉类和各种瓜菜或药材放在一起，烹熬出的美味汤水。

俗语说：“宁可食无菜，不可食无汤。”广州人喝老火汤的历史由来已久，这与广州湿热的气候密切相关，而且汤的种类会随季节转换而改变。长年以来，煲汤就成了广州人生活中必不可少的一个内容，与广州凉茶一起当仁不让地成了广州饮食文化的标志。先上汤，后上菜，几乎成为广州宴席的既定格局。

老广重视汤，若远行归来，家人多以老火靓汤慰劳；人若患病，家人到医院探望，保温瓶装的就是为病人增添营养的汤水。广州的老人家常说，广州人家家户户都会煲汤，虽然说不上人人的手艺都炉火纯青，但每个家庭主妇总有一两道拿手靓汤。汤谱一般都是口口相传的，很少有人专门去学煲汤，然而家的味道就这么一代又一代流传了下来。传统的广州妇人，她们把自己所有的希望和温情都融到汤里，如此心思煲出来的汤，总让在外打拼的家人牵肠挂肚，走得再远也懂得回头。

广府老火汤种类繁多，可以用各种汤料和烹调方法，烹制出各种不同口味、不同功效的汤来。

春季喝汤要养肝，天气潮湿要祛湿，比如杞子叶滚猪肝、萝卜竹蔗水、马蹄茅根水、土茯苓褒老龟，这些都是清热解毒的汤，但除了土茯苓褒老龟是老火汤，其他都属于滚汤或清汤。

夏季喝汤要解暑补水养心，猪骨冬瓜薏米汤最常见，还有荷叶老冬瓜汤、海带绿豆汤、清补凉煲鸡、椰子煲鸡（或炖鸡）、干茶树菇煲鸡、霸王花煲猪骨。

秋天天气干燥温差大，汤水要滋润益气，可以西洋参煲鹌鹑（或炖）、莲藕绿豆煲猪骨、南北杏仁炖双雪（雪梨、雪耳）、西洋菜滚排骨（或煲）。

冬天以增加营养抗寒为目标，花生眉豆煲猪尾（或者鸡脚）、人参炖鸡、冬虫草炖老鸭等。

▲ 花旗参乌鸡汤

▼ 椰子乌鸡汤

▲ 猪肉凤爪滋补汤

广式烧腊

▲ 烧排骨

在广州，除了老火靓汤之外，最不能错过的就是广式烧腊了。在唐宋时期，阿拉伯人、印度人将灌肠食品带入广州，嘴刁、爱吃的广州厨师们，将灌肠的制作方法和本地腌制肉食的方法相融合，创作出中外联合的广式腊味，这一改良就使得广式腊味名扬海外。到了清末，烧腊在广东地区就已经做得风生水起了。烧腊就是这么渐渐地融入广州的美食中去了。

广式烧腊是一道广东省的名菜，它绝不是字面上所理解的“烧”和“腊”两种形式，细细划分下来，它其实是“烧味”“腊味”“卤味”“白切”“盐焗”。其中，烧味特别受欢迎。烧味包括豉油鸡、叉烧、烧肉、乳猪、烧鸭、烧鹅、扎蹄等，而叉烧是烧味中颇受欢迎的一种，它肉质软嫩多汁、色泽鲜明、香味四溢。腊味包括广式腊肠、腊肉、腊咸蛋肉饼和腊鸭等；卤味最出名的就数潮汕卤味了，最常见的便是卤鸭、卤鹅和卤水鸭肾了。白切类除了粤菜代表白切鸡，还有白切鸭、白切鹅、白切猪肚等；盐焗类则包括咸香鸡、盐焗鸡翅、盐焗鸡脚等。

烧鹅可谓烧味里经典中的经典。烧鹅源于烧鸭。鹅以中、小个的清远黑棕鹅为优，去翼、脚、内脏的整鹅，吹气，涂五香料，缝肚，滚水烫皮，过冷水，糖水匀皮，晾风而后腌制，最后挂在烤炉里或明火上转动烤成，斩件上碟，便可进食。烧鹅色泽金红，味美可口。广州市面上烧鹅店铺众多，最为有名的是长堤“裕记烧鹅饭店”的烧鹅和黄埔区长洲岛上的“深井烧鹅”。

▼ 烧腊档

白切鸡

广州人无鸡不成宴，其中白切鸡深得粤菜之“生猛”和“吃出原味”真传，因烹鸡时不加调味白煮而成，食用时随吃随斩，故又称“白斩鸡”。又因其用料，广东省清远市阳山县出品的三黄鸡（脚黄、皮黄、嘴黄），故又称“三黄油鸡”。后来广东各饭店和熟食店都经营白切鸡，不仅用料精细，而且还用熬熟的“虾子酱油”同鸡一起上桌蘸食。

白切鸡通常选用细骨农家鸡与沙姜、蒜茸等食材，慢火煮浸后，晾干切块。成菜后，色洁白带油黄，皮爽肉滑骨香，清淡鲜美。

▼ 白切鸡

艇仔粥

民间有种说法："去西关，必尝艇仔粥。"那么艇仔粥有什么来历呢？传说有位老翁在荔枝湾以摆渡为生，有天在江边听到有人喊"救命"，老翁将其救起并询问原因。原来这个年轻人是西关阔少，因赌博将家中积蓄全部输光，想起自己平时好吃好玩，身无长处，此时走投无路便想轻生。老翁一听，好吃也是个优点啊，不如两人一起做一些饮食生意，毕竟自己年纪大了每天撑船也吃不消。年轻人绞尽脑汁，想出了一种适合大众口味的独创美食。他用大骨汤作为粥底，由于广州人比较喜欢吃鲜甜食物，于是年轻人在碗底放一些薄切的生鱼片，用生滚的粥烫熟，粥里面加入海蜇、姜丝、叉烧丝、虾、鸡蛋丝，粥上面撒上炸花生、碎油条、葱花、胡椒粉，再滴上几滴麻油。一碗粥集中了鲜甜、香脆、爽口，浓郁之中又有清香，深受大家喜爱。又因为这种粥在艇仔上出售，故被叫作"艇仔粥"。

艇仔粥以粥底绵滑、味道鲜美、口感丰富而闻名于世。

▲ 艇仔粥

云吞面

广式云吞面是广东地道小吃的一种，入选“中国十大名面”之一，是广州特色美食。广式云吞面在清同治年间由湖南传入，是一种云吞汤面，讲究汤底、面、云吞三者的融合。

一讲汤：用大地鱼、虾头虾壳、猪筒骨熬出来的汤既要有鲜味还要清透，绝不加味精。

二讲面：最地道的面叫竹升面，和面时一点水都不加，完全以鸭蛋和面，并骑在粗竹筒上反复压面。这样做出来的面煮出来韧度适中，吃到嘴里非常爽脆。

三讲云吞：云吞皮和馅都很讲究，基本馅料需有新鲜的虾肉、猪肉、韭黄，一口咬下皮要滑、馅要爽滑弹牙“卟卟脆”。

▲ 云吞面

▼ 姜撞奶

姜撞奶

姜撞奶顾名思义是以姜汁和牛奶为主要原料制作而成的一种甜品。其制作的要点是将新鲜的煮开到70℃—80℃的牛奶倒入新鲜的姜汁中，利用姜汁和牛奶的温度差发生化学反应，使牛奶凝固。制作好的姜撞奶口感滑嫩，风味独特，是夏、冬两季很受欢迎的甜品小吃。

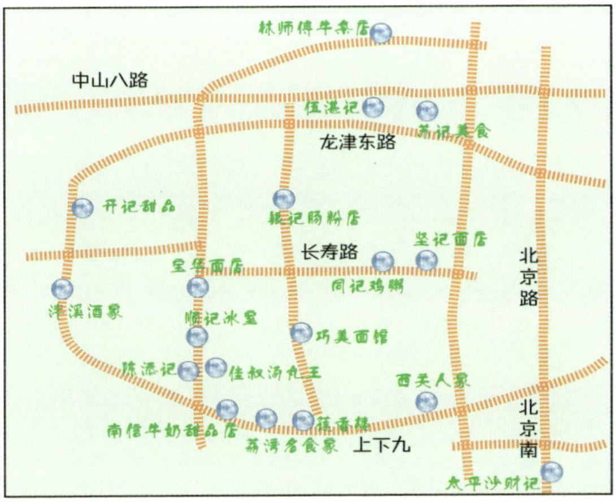

◀ 西关美食老店推荐

番外小知识

要吃到广州地道的美食，西关是不错的选择，那里有许多老字号小店，满足“食在广州”的愿望。

第三章

最岭南，广州行

3

在漫长的历史岁月中，广州一直是中国岭南地区的政治、经济、文化中心，长盛不衰，从未中断。它随着历史的步伐，在长期的社会生活中积淀，并与外来文化（包括中原汉文化和欧美西方文化）不断交流、融合，逐渐形成了自己特色的文化，即岭南文化。由于地理、历史等因素，岭南文化形成了别具一格、个性鲜明的风格：极其浓郁的地方色彩的地域性、善于吸收和补充新内容和新形式的开放性、呈现多文化特色的兼容性，以及与时俱进的创新性。

粤剧获誉“南国红豆”

▲ 粤剧博物馆内展品

走进广州西关，游客们经常会听到悠扬的粤剧、粤曲从巷子深处传来。粤剧享有“南国红豆”的美誉，是岭南传统文化的代表之一。粤剧是中国南方影响最大的艺术剧种，早期被称为“本地班”“广东大戏”“广府戏”，已有300多年的历史。它形成于广州地区，流行于中国广东、广西、香港和澳门，且流传到东南亚、美洲、大洋洲、欧洲和非洲等的海外华人社区。2006年，粤剧入选首批国家级非物质文化遗产名录；2009年，它被联合国教科文组织列入人类非物质文化遗产代表作名录。

粤剧自形成以来，其剧目已超过1万个。粤剧的声腔流派丰富，各具特色。历代粤剧艺术家依据各自的声线、表演和舞台等艺术感悟，创造了不同的声腔流派，如“白腔”“马腔”“廖腔”“薛腔”“桂腔”“芳腔”“红腔”等。2008—2011年，文化部（现为中华人民共和国文化和旅游部）、广东省和广州市先后公布了“非物质文化遗产项目代表性传承人”名单，国家级有红线女、陈剑声，省级有罗品超、罗家宝、郑培英、关国华、丁凡、倪惠英、欧凯明，市级有黎骏声。

粤剧在广州得到的保护和传承，可谓是广州重视传统文化的一个缩影。广州从1990年起就创办羊城国际粤剧节，为热爱粤剧的全球华人提供了切磋技艺、交流感情的舞台。1998年红线女艺术中心建立，对以红线女为代表的粤剧传承人进行艺术挖掘和保护，利用当地文化资源和历史题材打造出很多粤剧新品牌。经粤港澳三地政府历时8年的努力，2009年9月，粤剧成功列入人类非物质文化遗产代表作名录；2012年广州粤剧博物馆建设工程启动。

番外小知识

广州市政府为表彰红线女对中华优秀文化艺术的卓越贡献，投资兴建了红线女艺术中心，它位于广州珠江新城，是一幢非常美丽的艺术建筑。

▼ 粤剧博物馆

■ / 广东音乐风靡南北

广东音乐又称“粤乐”，旧称“过场谱子”或“广东小曲”，是流行于以广州为中心的珠江三角洲及广府方言区的中国传统丝竹乐种。它与粤剧、粤曲并称为“岭南文化三大民族民间表演艺术瑰宝”，与粤剧、岭南画派并称为“岭南三大艺术瑰宝”。作为岭南文化的杰出代表，广东音乐文化底蕴深厚，内涵丰富，经过数百年的传承发展，自成体系，风格独特，深深植根于岭南民间。

二十世纪二三十年代，是广东音乐的鼎盛时期，新的作品不断涌现，是人才辈出的年代。从创作技法到演奏技法、流行曲目，使用的色彩乐器及至其组合形式，广东音乐均逐渐向我国其他地区渗透，全国不少省、市、地区都有广东音乐不同形式的社团组织，广东音乐曾经被誉为“国乐”，广东音乐在近代民间音乐的发展中，无可置疑地发挥过积极的重要作用。2006 年 5 月 20 日，经国务院批准，广东音乐被列入第一期国家级非物质文化遗产名录。

广东音乐从诞生之日起就开始流行于世，在国内外产生了广泛影响。它以其优美动听的旋律，不仅在国内得到人们广泛的喜爱，而且在海外也大受欢迎。无论是在亚洲、大洋洲诸国的华人地区，还是欧美的唐人街，凡是有华人、华侨聚居的地方，就有广东音乐。

广东音乐开放性地选择、吸收外来音乐文化及国内其他民间艺术的有益成分，并加以改造，为我所用，形成了拥有一批杰出的作曲家、演奏家和代表性乐器及其组合的独特民间音乐品种，因其音色清脆明亮、曲调流畅优美、节奏清晰明快，被国外誉为“透明音乐”，在国内外影响力远远超过我国其他民间音乐形式。广东音乐的代表性人物有琵琶演奏家、广东音乐奠基人之一的何博众，扬琴演奏家、作曲家严老烈、何柳堂、丘鹤俦、陈文达、梁以忠、陈俊英，广东音乐演奏家、作曲家、乐器改良家易剑泉、吕文成，广东音乐理论家、作曲家陈德矩、陆仲任、黄锦培，广东音乐小提琴演奏家、作曲家尹自重，高胡演奏家、作曲家和高胡艺术的奠基人刘天一。当代传承人有广东音乐高胡演奏家余其伟、何克宁、黄日进，广东音乐扬琴演奏家汤凯旋。

位于沙湾古镇的广东音乐发源地纪念馆三稔厅 ▶

■ / 岭南画派融汇中西

▲ 清末著名画家居巢、居廉兄弟的居住、作画及授徒之所——十香园

岭南远离历史文化发达的黄河流域、长江流域。在元明以前，这里属于蛮荒之地，经济文化相对落后。明代以后，由于海上贸易的出现，这里成为中国最先进入现代文明的地区。西方的文明最早是从这里登陆的，中国人也是最早从这里走向世界的。在 19 世纪末期至 20 世纪初期，以广州（番禺）为中心的地区出现了一个画派——岭南画派，他们的创始人是高剑父、高奇峰、陈树人，其画风可追溯到他们的老师居廉。他们都曾留学日本，接受了日本从西方学来的绘画方法，在中国画的基础上，融合了日本与西洋画法而自成一体。因学之者甚众，称为“岭南画派”，与粤剧、广东音乐并称“岭南三秀”。

岭南画派提倡写生，强调忠实于描绘的物象，色彩鲜艳明丽，主张随物附形，因物点彩，在绘画的题材上多描绘中国南方的物种和风光，如木棉花等是岭南画派画家笔下常见的题材。在时代潮流、政治大变革的时代，岭南画派独树一帜，在中国艺术史上占有举足轻重的地位。

明清两代，岭南画坛名家辈出，逐渐形成了自己的特点。比及近代，西洋画法传入中国，岭南画家首开中西结合之风，“岭南画派”独步天下。19 世纪中叶，即岭南最具影响力的中国画家居巢、居廉时期。“二居”兼容工笔画和没骨画法，同时创造性地发挥了“撞水”“撞粉”的表现力，他们用这种技巧来描绘岭南风物，以写生来确立自己的风格。“岭南三杰”——高剑父、高奇峰、陈树人是岭南画派公认的先驱者。20 世纪 20 年代，“岭南三杰”开始从事融合中西绘画的试验工作，画出了不少“新国画”。抗日战争爆发后，关山月、黎雄才通过西北、南洋写生，奠定了他们在山水画领域的地位；黄少强在这一时期接连举行了他的“国难展览”“抗战画展”以及“战地归来展”等，有力地弘扬了岭南“新派”画家“艺术救国”的精神。

此外，二十世纪二三十年代，在广州地区还出现了一个以宣扬传统画学、维护国画的绘画团体——广东国画研究会。它成立于 1925 年，前身为 1923 年创建的“癸亥合作画社”，其团体活动于 1937 年终止。该会前后经历近 15 年时间，参与的画家有数百人，成为这一时期广东地区人数最多、影响最大的一个美术社团。广东国画研究会的主要活动区域在广州，并在香港、东莞创立分会，其流风遗韵绵延至今。在其十余年的艺术活动中，该会编纂美术书刊、举办展览会、创立国画图书馆、创办美术学校、热心公益活动，建立了一套较为完整的美术体系，成为广州近现代美术的一个典范。该会代表画家如潘至中、潘达微等精心创作的艺术作品，成为留给后人的一笔宝贵文化遗产。

▲ 十香园内居巢、居廉的塑像

新中国成立后，岭南画派发展至鼎盛时期。黎雄才、关山月等都是当代岭南画派的主要代表，都在广州美术学院任教。黎雄才以山水画见长，他与关山月等于 20 世纪 80 年代初期，合作完成了 100 多幅作品，每幅作品都凝聚着集体的智慧，体现了大师和谐默契、心照神交的深厚友情。1959 年初，关山月和南京国画大师傅抱石接受了为人民大会堂创作巨幅国画的任务。1979 年，关山月又为人民大会堂广东厅创作了大幅国画《春到南粤》。

岭南画派之所以能够独立于中国艺术之林而长盛不衰，艺术之树常青，就是它植根于岭南这片沃土，有着一批坚韧不拔、勇往直前的探索者、追随者、创新者，他们承前启后，继往开来，不断创造出引领时代风潮的业绩，这些大师都有一个共同的特点，就是对传统艺术的尊重，对先辈的敬畏，对时代精神的敏锐发现，对先进文化的有力把握。基础牢靠，思想开放，个性发挥，勇于探索，是岭南画派最重要的成功经验。岭南画派作为中国主要的画派之一，已经确立便不会停步，已经远航更不会回头。在艺术的长河里，百年历史只是短暂的片刻，艺术无涯贯穿在画派的始终。

▼ 岭南画派画家笔下最常见题材——木棉花

■ / 外销通草画

1757年，广州被指定为唯一对外通商口岸，这里成为中外贸易、文化交流的重要场所。18世纪至19世纪，先后有不少西方画家来到广州作画，因而当时的职业画师深受西方绘画的影响。这些掌握了西方绘画技法又熟悉本地风土人情的广州画师，专画符合西方人审美的画销往海外。从18世纪中后期开始，在广州珠江北岸专营中西贸易的十三行范围内，出现了一间又一间专售外销画的商铺。通草画，成为当时中国的明信片，极大地补充了中国传统的官修史书和文人笔记的文献记载之不足。通草画使广州的历史风貌被鲜活地留存下来，俨然一幅广州的“清明上河图”。

通草画作为最受欢迎的外销画，作品的人物刻画采用西方绘画原理，与传统中国画风格迥异，但又反映出中国的本土风情，所以深受当时西方人的喜爱。最兴盛时整个广州城绘制通草画的画匠多达两三千人。热闹的黄埔码头上，启程归国的西方人将这些带有中国印记的画作捎往遥远的异国他乡。

▲ 通草画

俄国末代沙皇尼古拉二世周游东方时，获赠十几本、三百多张通草画，至今仍保存在俄罗斯皇家博物馆中。而在英国、瑞典、美国等欧美国家，上至皇家宫廷、大英博物馆、大英图书馆，下至寻常百姓人家，带着浓浓旧时广州记忆的通草画依然为人们所青睐。然而，鸦片战争之后，香港及东南五口通商，广州不再是外国人进入中国的唯一港口，广州外销画家的创作内容、方式以及画室的设立也相应地发生了变化。19世纪40年代，随着摄影术开始普及，照相业也开始逐步取代外销画家的工作。现存的通草画记录显示，最早的通草画作于1825年，时至20世纪30年代，通草画就彻底从海关出口清单上消失了，随后也渐渐消失于广州人的记忆中。

通草画虽然由广州制作，但传世作品几乎都在国外，主要收藏在西方的博物馆中。在英国，通草纸画藏量可观的机构至少有十二个。2000 年，英国友人伊凡·威廉斯捐赠了一批通草画给广州博物馆。之后，广州博物馆对通草画进行大量的搜集和研究，才慢慢解开一百多年前这种盛极一时的外销画类型。

而随着通草画逐渐为大众所熟知，通草画的传承工作也在逐步进行。2008 年，广州市越秀区少年文化宫就开展了广府通草画传承与教育工作，以“文化考古”模式引领越秀区青少年儿童展开通草画传承学习。通草画不仅对研究清代广州社会生活场景，以及中国早期西画发展有重要意义，而且象征着改革创新、包容兼备的岭南精神。因此，通草画的传承和发展，对弘扬岭南文化有着重要意义。相信随着越来越多的人了解和认识这种奇特的绘画，百年前传统的工艺也会复兴，再次走向世界。

▲ 通草画·花鸟

▼ 通草画·船

■ / 岭南建筑

岭南文化具有鲜明的地方特点，近代更是成为中外文化交流的窗口，使得岭南文化更加独树一帜。岭南建筑文化是岭南文化的重要组成部分，是岭南生活方式的体现，其与环境的亲和、表现形式的不拘一格，使其在中国建筑史中占有重要地位。从某种意义上来说，建筑是凝固的音乐，建筑不仅仅是绘图而已，更是一种思想、一种灵魂、一种哲学和一种精神，如何在建筑上表现出人的文化意愿，让建筑无形的力量体现出永恒的主题，这些都只能通过建筑文化来实现。岭南传统建筑集前人技术、艺术经验于一身，是不可多得的文化瑰宝，其影响力一直延伸至今。

▼ 岭南建筑之一 • 骑楼

■ / 西关大屋独具特色

清代同治、光绪年间，富商巨贾和洋商买办等新兴豪富在“西关角”，即今天的荔湾区宝华路、多宝路、逢源坊、华贵坊（东起文昌桥、大观桥，西至泮塘、昌华园）一带，陆续建造了一批具有浓厚岭南特色的大屋，也就是我们现在能观赏到的西关大屋。它们在平面布局、立面构成、剖面细部装饰等方面都有浓厚的广府风格，在岭南建筑中具有极其重要的地位。

为适应南方比较炎热的气候，西关大屋都是高檐深宅式的砖体结构。屋檐非常高，进深非常长，墙壁用青砖砌成（青砖墙铺砌所用的不是水泥，而是以糯米饭拌灰浆，所以砌出来的墙没有一丝缝隙，砌好砖墙之后还须在外面再贴一层水磨青砖，这种面砖贴上去之前要先人工打磨，所以西关大屋的青砖墙永远是平滑的），屋外檐阶铺砌“绿豆青”水磨大青砖和白色花岗岩，形成“青砖石脚”的特色，既防潮又保护临街立面的美观。

大屋大门多为“三件头”样式：第一件为矮脚双扇门，这是一种四扇对开的小折门，防止外部视线干扰；第二件为趟栊门，这是一种栅栏式的横向拉门，由五到六厘米的木圆条横排而成，根数取单不取双，既防盗又通风；第三件为大门，非常坚固和厚重，为黑色。

西关大屋堪称广州传统建筑的瑰宝。现存西关大屋数量已从清末民初鼎盛时期的 800 多间锐减到不到 100 间，其中尚有保留价值的则只剩下 10 多间，如现多宝路愉园酒家左邻的“邓华熙府”（为巡抚部院邓华熙于清咸丰年间所建，1902 年其退休时的居所）、多宝坊 27 号的“钦赐探花第”（为 1859 年李文田殿试中探花而建，今名泰华楼）。而其他著名的西关大屋如十三甫正街 15 号的西关大屋、宝源北街 18 号的“梁资政第”、多宝路的“邓宫保第”和“钟家花园”等名园大宅早已不复存在。现存可供游人参观的名宅有位于龙津西路逢源大街 21 号的“小画舫斋”。

▼ 西关大屋趟栊门

▼ 西关大屋内饰八旗窗

小画舫斋是新加坡华侨富商黄景棠于清末建造，落成于 1901 年。因内有船厅，故名“小画舫斋”。该宅占地面积 2000 多平方米，园门朝南，门额石刻的“小画舫斋”是清末赵之谦所书，后门向北。原有的建筑分为三部分，南面是主人的卧房，西北涌边处是船厅，中间是祖先厅，南门的右侧是后楼。所有的建筑以石路和连廊相连，庭院中建有凉亭“诗境亭”、假山和花基等。原庭院建筑布局妥帖合理，结合自然条件，以天窗、楼井加强采光和通风，内部装修以通透的落地罩及隔扇等敞开式处理，园内又广植南方珍贵植物，西北面临水，巧妙地利用南北对流风向设计房舍，即使是炎热的夏天，房舍也通风清凉。现仅存船厅、祖先厅、大门和后楼。

“船厅”临荔湾涌而建，是主人的书斋、文人雅士聚会之所，因临水而构筑，其造型似船舫，故名。整个船厅约 200 平方米，高二层，卷棚歇山顶，钢筋混凝土结构，靠近荔湾涌的外墙开有侧门，门上端有一块由苏若湖所书的“小画舫斋”石匾，门外有一石阶梯，可登船外出。在入口的门厅悬挂有两广总督阮元题书的“白荷红荔泮塘西”木匾。目前小画舫斋真正留存下来的只有一座家庙，游人只能从祖先厅前一株百年古榕树追忆当年的园林胜景。

1956 年，黄氏后人黄子静、黄明伯等将此园林建筑献给政府，供广大市民和游客观赏。1993 年，小画舫斋被公布为广州市级文物保护单位。1996 年，政府出资对该建筑进行了部分修缮和复原。

▼ 西关大屋厅堂

■ / 广州骑楼引领风光

随着中西文化交流的深入，民国初期广州出现大量骑楼建筑。它的建筑样式创造性地将外廊样式糅合到传统的“竹筒屋”，汲取当时世界各地先进的结构、材料，形成一种“折中”式的本地建筑——广州骑楼，它是岭南建筑的一个重要标志。

明清时期，广州十三行的商业建筑是近代骑楼建筑的雏形。民国初年，广州是我国东南沿海第一个实施大规模都市计划改造的城市。伴随着都市商业街改造，具有岭南特色的商业街所特有的“有脚骑楼”建筑模式，逐渐登上了近代都市改造运动的历史舞台。1912 年广州颁布了《广东省城警察厅现行取缔建筑章程及施行细则》，首次提出“骑楼”一词。1918 年，广州开设市政公所，历时 3 年完成了大规模的拆城筑路工程。1921 年，市政府颁布《广州市促进马路两旁空地骑楼地建筑规程》，进一步规范修筑马路时必须留有空地建筑骑楼。此后广州进入了骑楼建造的爆发期，短短 10 年时间，广州建成了将近 40 千米的骑楼街。

▼ 一德路海味街骑楼

▲ 骑楼与永庆大街

21 世纪初，广州尚存骑楼的道路有 30 多条，集中分布在越秀、荔湾、海珠三个老城区，北至东风路、西至龙津西路、南至同福路、东至东华东路的范围内，其中分布最为密集的是中山路以南、越秀路以西 10 多平方千米的地带。而且，这些骑楼街的分布有一个显著的特点，除了北京路、人民路和已基本被拆掉的解放路骑楼街，多数都是东西走向。广州的骑楼很多都出自建筑大家的手笔，建筑风格融汇中西，人民南路、北京路和上下九路是广州骑楼街的代表。

骑楼承载了广州商业的辉煌历史。直到今天，骑楼街仍是广州最繁华的地段，成为城市的地标之一。上下九路与北京路就是其中的典型代表。海内外的游客都认为，不到北京路、上下九路逛一逛就不算真正来过广州。

▲ 新亚大酒店的骑楼建筑风格

陈家祠

陈氏书院，俗称“陈家祠”，位于广州市中山七路，是广东现存祠堂中最富有广东特色的艺术建筑群，更是全国文物重点保护单位。其筹建于1888年，于1894年落成。陈氏书院是广东规模最大、装饰华丽、保存完好的传统岭南祠堂式建筑，占地面积15000平方米，主体建筑面积为6400平方米，由大小19座单体建筑组成。

然而为何它门前匾额写着“陈氏书院”，而民间却称其为“陈家祠”？它究竟是书院还是祠堂呢？原来，清代的广州城，是华南地区政治、经济、文化中心，更是两广总督府、广东巡抚衙门的所在地，也是广州府治、番禺县治和南海县治所在地，因此官衙、学宫、商铺林立。对于经常出入省城广州的广东各地官员、商人、学子们来说，广州城内常常是一房难求，难找落脚之处。因此，为了满足广东各地各人员来广州办事有一处可供住宿，广东省各地陈氏宗族共同捐资兴建此“合族祠”，为参与捐资的陈氏宗族子弟赴省城备考科举、候任、交纳赋税、诉讼等事务提供临时居所。而作为捐资的回报，这些陈氏宗族可以将其祖先牌位放到陈氏书院的神龛内供奉。

▲ 陈家祠·灰塑

▲ 陈家祠·砖雕

▼ 陈家祠·彩绘房脊

▲ 陈家祠

而“陈氏书院”的匾额又是从何而来？从清乾隆中期起，合族祠因为“把持讼事，挟众抗官”，引发了官府一次又一次禁祠行动，广州城内许多合族祠因此被禁。于是各姓合族祠纷纷改名为“书院”“试馆”“书室”，因而陈家祠的题匾也在当时随之改成了“陈氏书院”。

陈氏书院集中了广东民间建筑装饰艺术之大成，巧妙运用木雕、砖雕、石雕、灰塑、陶塑、铜铁铸和彩绘等装饰艺术。其题材广泛、造型生动、色彩丰富、技艺精湛，是一座民间装饰艺术的璀璨殿堂，被誉为“岭南建筑艺术明珠”。

21 世纪以来，陈氏书院以“古祠流芳”之名两度入选“新世纪羊城八景”，被誉为“广州文化名片”，成为岭南地区最具文化艺术特色的博物馆和著名的旅游景点。

“三雕”“一彩”“一绣”

粤剧被联合国教科文组织列入人类非物质文化遗产代表作名录；广东音乐走出国门巡演，演绎东方艺术；岭南画派开枝散叶，蜚声海内外……岭南画派、广东音乐，是在近代才出现，一出现就以蓬勃的态势成了岭南文化的佼佼者。而像三雕一彩一绣等广州民间工艺，虽然早有起源，但也是在近代百年才得到了长足发展。

广州“三雕”“一彩”“一绣”是具有鲜明岭南特色的民间工艺。“三雕”是指牙雕、玉雕和木雕，“一彩”“一绣”分别指广彩和广绣。它们是广州众多传统工艺美术种类的主要代表。

广州的象牙雕刻，是以象牙为原料进行雕刻的传统民间手工技艺，产品以镂空、透深的雕刻技艺闻名于世。它以镂雕牙球、花舫、微刻书画为代表，其产品以玉质莹润、精镂细刻见长。广州牙雕源远流长，可上溯到原始社会新石器晚期或西汉南越国时期。至明清时期，广州成为对外贸易的重要口岸，象牙原料的输入与制品的输出均日益兴盛，其工艺与生产规模达到历史高峰。特别是清代，牙雕技艺全面发展，生产规模居于全国前列，当时不少民间艺人被选送入宫廷，为朝廷制作艺术珍品。民国以来，象牙雕刻的工艺水平也日趋精湛，在全国牙雕行业中独树一帜，被称为“南派牙雕”或“广派牙雕”。曾有一个家传户诵的故事：1915 年夏天，为庆祝巴拿马运河通航，美国旧金山举办了巴拿马万国博览会。广州牙雕大师翁昭制作的 24 层牙球，越洋参展，而日本的参展作品也是一个 30 层的牙球。二者大小相仿，表层雕刻与内部戳花，各尽其妙，但日本的比广州的多了 6 层，人们都以为金奖非日本莫属。这时，中国代表要求把两个牙球放到沸水里泡煮，结果在众目睽睽之下，日本牙球顷刻四分五裂，而广州牙球则完好无损。原来日本牙球是用胶水拼接黏合的，而广州牙球是用整块象牙雕成的。翁昭的作品因而获得了此次博览会特等金质奖章。如今，广州牙雕技术在相关政策扶持下传承。

▲ 牙雕

广州玉雕工艺形成于唐代中后期。清初，各地能工巧匠集中到广州，民间玉器生产蓬勃发展，广州解放后进入鼎盛时期。2010 年广州第十六届亚运会开幕前，一件价值 2 亿元的广州玉雕引发全城瞩目，这就是高兆华和 7 个徒弟用累计超过 14000 小时完成的《日月同辉》。它分为“九龙环”“五环”和“嫦娥奔月”三部分，一次性雕琢在一块长和宽约 62 厘米、厚约 9 厘米的黄龙玉原石上。“九龙环”的雕刻，高兆华借鉴了城市雕塑的风格，九条玉龙如腾飞在广场之上。“嫦娥奔月”则采用了反雕法，最薄之处只有 0.6 毫米。“五环”是由五个空心环组成的，造型灵感来源于“浑天仪”。该作品获得了“广东省第四届民间工艺精品展金奖”。

◀ 玉雕

广州木雕兴起于唐代，明代已形成行业，清代则是广州木雕的巅峰期。“广东金漆木雕”素以工艺精巧细腻而闻名，被誉为全国四大名雕之一。它分为建筑装饰雕刻和家具雕刻两类。建筑装饰雕刻多采用樟木制作，有梁柱、门窗等，陈家祠广东民间工艺博物馆里的梁柱、门窗就体现了广州木雕工艺的特色。广州城隍庙，前廊梁架做工尤为精细，承托卷棚檩子的异形斗拱、墩木、梁枋出头等构件雕有姿态生动的戏曲人物、蝙蝠、“寿”字、鳌鱼及卷草纹饰，梁枋出头上以木雕狮子身背异形斗拱，别具一格。番禺余荫山房、顺德清晖园饰件，也有不少木雕佳作。同时，家具雕刻以红木家具、酸枝家具为大宗，樟木箱最为有名。一些名贵家具如台、凳、桌、椅、榻、几、案、屏风等，都雕刻着精美秀雅的图案花纹，提升了家具的艺术水准。

▲ 广东金漆木雕

► 木雕

广彩生产始于清康熙年间。当时广州工匠借西方传入的“金胎烧珐琅”技法，用进口材料，创制出“铜胎烧珐琅”，后又把这种方法用在白瓷胎上，成为著名的珐琅彩。19 世纪初，广彩开始仿照中国缎锦纹样作瓷器装饰，后用金水织地，发展为“织金地”且普遍用于各种瓷器，形成了近代广彩“织金彩瓷”的特点。

▲ 广彩

广绣与苏绣、湘绣、蜀绣并誉为中国“四大名绣”，它历史悠久，在唐代已发展出高超技艺，明清绣艺更趋精湛，以后经过艺人的总结、发展和提高，以构图饱满、色彩绚丽、纹理清晰、针法多样等特点而享誉中外。广绣有盘金刺绣和丝绒刺绣两类。清代实行开海贸易后，广绣逐步向商品生产发展，并形成了以广州为中心的刺绣行业，刺绣作坊多在状元坊、新胜街、沙面一带。代表作品“明代麒麟补子”“清石青缎‘宝生昌’号广绣花鸟大挂帐”“清白缎广绣孔雀百鸟花卉插屏”“清广绣花鸟女服”“清晚期红木雕八仙框白缎绣花鸟挂屏（四屏）”等均馆藏于广东省博物馆、广东民间工艺博物馆或广州市博物馆。

▲ 广绣

▶ 广绣・屏风

▼ 广绣・扇面

文化是一座城市的灵魂和核心。广府文化所具有的“开放、兼容、务实”等基本特性，深深地铸就了广州人的精神品格，为广州创建世界文化名城以深刻的启示。首先，应坚持文化与经济深度融合，使之成为经济发展的新形态。要加快广府文化与经济、科技、商贸、旅游等深度融合，在完善现代文化市场体系、培养高层次创新型文化人才等方面下功夫。其次，应把弘扬广府文化作为广州建设历史文化名城的重要抓手。建设世界文化名城，必须立足于弘扬优秀传统文化，立足于传承广府文脉，从而形成推动文化建设的合力。再次，应充分发挥政府在培育城市文化体系建设中的独特作用。要强化文化自觉意识、重视城市文化品牌建设、创新体制机制，从而切实增强城市文化现代化的发展动力。

第四章

风物风情

4

广州的魅力之处，在于它不只是国际大都市，同时还是一座具有2000多年悠久历史的文化名城。在历史的长河中，广州遗留下来了许多不可多得的民俗文化，形成了独具特色的风物风情。逛花街、舞狮、扒龙舟、波罗庙会……带你了解不一样的广州。

花城无处不飞花——广州除夕花街

许多外地朋友，恐怕大都是从散文学家秦牧的《花城》中知道，广州又叫“花城”。广州人和花有不解之缘，广州人生活在花花世界中，花成了广州人的至爱。广州人种花、爱花、赏花和赠花的历史悠久。在汉代时，广州人已经爱花如命。“彩缕穿花”是陆贾出使时留下的深刻印象。晋惠帝期间的嵇含在《南方草木状》中，用诗一般的语言赞誉广州花木：“春华者冬秀，夏华者春秀，秋华者夏秀，冬华者秋秀，其华竟岁。”在唐代，广州已有专门卖花的人，“薄暮津亭下，余花满客船”写的就是现在流花湖至西华路一带卖花艇的情景。宋代诗人杨万里漫步花城，被眼前的花景感动了，他欣然提笔写下“月在荔枝梢头，人行茉莉花间；但觉胸吞碧海，不知身落南蛮。”

而广州被称为“花城”，不单是因为气候适宜花卉生长、人们爱花，更是由于广州每年春节前都会举行除夕花市，这种倾城人民逛花市的习俗，全国唯广州所独有，可谓“独一无二，举世无双”！欧阳山在《幸福的除夕》，秦牧在《花城》《花街十里一城春》等散文中，都为广州花市留下传神的写照。

番外小知识

曾经在广州流行一时的童谣《行花街》：
年卅晚，行花街，
迎春花放满街排，
朵朵红花鲜，朵朵黄花大，
千朵万朵睇唔晒。
阿妈笑，阿爸喜，
人欢花靓乐开怀……

▼ 新年·荔湾花市

广州人最钟情的习俗，就是丰富多彩的过大年和逛花街。曾经流行一时的童谣《行花街》形象地唱出了广州家家户户喜逛除夕花市的盛况。吃完团圆饭，其他地方的人的节目恐怕基本上都是全家人聚在一起观看中央电视台的春节联欢晚会。广州人则举家游花街，人们置身于欢乐的花花世界中，赏花、品花、买花，在花街中徜徉漫游，享受着一年一度与群芳同在的美好时光。难怪不少外地人舍弃了合家欢聚的机会，留在广州过年；许多人专程千里赶来，也都想一睹广州花街的芳容。

除夕花市又称“迎春花市”，一年一度的迎春花市是丰富人民文化生活、欢度春节的一项有意义的活动。始于清代的越秀西湖迎春花市是广州城历史最悠久的花街集会，也是最能代表广府花街文化的金字招牌之一。每逢花市开放，四乡花农纷纷涌来，摆开阵势，售花卖橘。而市民举家“行花街、逛花市”，既呈现古老岭南春节习俗，还融合广府人“讲意头”的传统。近年来广州的迎春花市的内容不断丰富，花市除了主营花以外，还增设盆花、盆栽、盆景陈列等半展半售，形式和内容不断创新。此外，多家文化传媒、公益单位、知名企业、非遗文化项目、年画展销等纷纷来到花市设档，为民服务，还延聘书法家应众即席挥毫，代写春联条幅等。十里花街繁花似锦、人潮如海，大家沐浴在欢声笑语吆喝叫卖当中，此时，不分男女老幼，成群结伴，手上抓的、怀里抱的、空中举着的都是花团锦簇的年橘、粉桃、蜡梅、鲜花，穿梭在长长无尽的花街香海，陶然极乐的盛景，只有亲历其中，才能感受得到。

▲ 新年・越秀西湖迎春花市

▼ 新年・珠江岸边花船

福
廣州過年
花城看花
福

■ / 春节羊城醒狮忙

醒狮属于中国狮舞中的南狮，是广东省一种十分常见的民间舞蹈。按广东俗语，“醒”即精彩、醒目、好看，看舞狮就是看狮子舞动得活灵活现。广东醒狮被认为是驱邪避害的吉祥瑞物，每逢年节或重大庆典活动，必有醒狮助兴。这一传统历代相传，长盛不衰。2006 年 5 月，广东醒狮被列入第一批国家级非物质文化遗产名录；2008 年，广东省湛江市遂溪县黄略镇的文车醒狮团在国家体育场“鸟巢”参加了北京奥运会开幕式前的文艺表演。

明代时舞醒狮便在广东出现，起源于南海县。在广东境内主要分布在佛山、广州、遂溪等市县。广东醒狮已成为全国知名的为广东特有的民间舞品牌。舞醒狮是融武术、舞蹈、音乐等为一体的文化活动。表演时，锣鼓擂响，舞狮人先打一阵南拳，这称为“开桩”，然后由两人扮演一头狮子耍舞，另一人头戴笑面“大头佛”，手执大葵扇引狮登场。舞狮人动作多以南拳马步为主，舞醒狮的表演程序是：出洞、下山、过桥、饮水、采青、醉睡、醉醒、上山、玩球、大头佛戏狮，采青是高潮。采青分“采高青”和“采地青”。“采地青”又分水青、蟹青、桥底青、拆字青等，套路丰富，多姿多彩，技巧高，难度大。此外，还有“狮子花灯”“狮子吐球”“大头佛引狮”和近代发展起来的竞技性极强的“高桩狮”“梅花桩狮”和“狮子走钢丝”等绝活。

舞狮在中国流传着很多不同的派系，也有很多不同的种类，在中国不同的地方有不同的意义。明清两代和民国时期，舞醒狮在广东省以及广西壮族自治区就是一种很有名气的舞狮派系。舞醒狮要具备很高的级数要求和条件，因此现在会舞醒狮的人已经不多。

▼ 舞狮

中国人向来喜欢给事物赋予一些意义，来表达对未来的向往。在广州，醒狮的外观颜色同样也有其代表的意义。黄色广州醒狮也称为“刘备狮”，刘备向来以仁义出名，同时他又是帝皇，有着帝皇之气，因此，黄色的刘备狮代表着泽被苍生、仁义及皇家贵气。红色广州醒狮也称为“关公狮”，关公（即关羽）以忠义著称，同时关公还被中国信奉为武财神因此，红色的关公狮代表着忠义、胜利、财富。黑色的广州醒狮也称为“张飞狮”，张飞非常勇猛好斗，因此，黑色的张飞狮代表着霸气、勇猛。而至于其他近些年来演变发展起来的广州醒狮颜色，紫色代表紫气东来，一片吉祥；金色代表贵气、金碧辉煌、金光闪闪；彩色代表五光十色、丰富多彩。随着广州醒狮的不断向前发展与创新，广州醒狮的外观颜色种类也越来越多，但不管其颜色有多少种演变，这种艺术形式始终代表着人们对美好生活的向往。

▲ 舞狮（采青）

▼ 舞狮（醒狮）

■ / 猛龙穿梭——广州龙舟

广州拥有2000多年的历史，广州人生于水边，长于江岸。在珠江上腾跃的龙舟、在珠江边嬉戏的儿童都是广州的象征，广州的“水”是浸在骨子里的。江水滋润了人们的经济和文化生活，广州的民俗文化明显地具有江河水乡的特点。水任器而方圆，扒龙舟是广州人性格的最好诠释。明清时，广东官方和民间的端午节赛龙舟活动已很普遍。清初著名学者屈大均在《广东新语》一书中，对珠三角每年端午节期间的赛龙夺锦以及赛后的喜庆场面皆有描述。明清至今，广州的龙舟活动除在特殊年代外，基本上能坚持下来，只是具体的活动时间和地点有一些改变而已。民间传统的扒龙舟仪式主要在广州天河区、荔湾区、海珠区、番禺区、增城区等地传承。

广州扒龙舟有趁景、斗标两种形式。趁景是各方龙船前来应景，只表演技巧，不排名次，从五月初一开始，至五月二十日止，每天一景，轮流在各乡举行。趁景仪式有起龙、进水拜神、采青、划船、吃龙船饭、入窦等过程。斗标即“斗龙舟”，也就是龙舟竞渡，在趁景热身之后举行，竞赛当天，江边彩棚高搭，彩旗飘扬，红男绿女蜂拥两岸，条条油光蜡亮、焕然一新的龙舟静泊江心，划船的桡手早已摩拳擦掌，准备一展雄风。一声炮响，千桡齐发，百舸争游，水上锣鼓齐鸣，鞭炮齐响，两岸欢声雷动。

1994年，广州市政府正式把“广州端午节”定为“广州龙舟节”。此后，从1995年起，广州市政府更是创办了每年在珠江流经市区河段举办的“广州国际龙舟邀请赛”，使之成为广州市民欢度民间节庆的一个新热点，每年都有来自广州市、全国其他地区，乃至美国、澳大利亚、新加坡、加拿大等国家的上百条龙舟前来参赛。

▼ 扒龙舟

2007 年，第 16 届亚运会组委会宣布龙舟入选成为 2010 年广州亚运会的正式比赛项目，这对于促进龙舟活动的发展起到非常重要的作用。广州国际龙舟邀请赛是中国传统体育运动的五星级赛事，被誉为世界上最好的龙舟赛事之一。每年五月，龙舟风弥漫珠江，吹遍广州各个角落，广州不遗余力地组织推广龙舟赛，目的是弘扬民俗文化，宣扬“精诚合作、奋勇向前”的龙舟精神，把“敢为人先、奋发向上、团结有爱、自强不息”的广州人精神发扬光大，把广州魅力传播五洲。

■ / 波罗诞买波罗鸡——南海神庙庙会

南海神庙又称为“波罗庙”，创建于594年，至今已有1420多年的历史。其为祭祀南海神祝融而建，位于广州市黄埔区穗东街庙头社区，是我国古代海神庙中唯一遗存下来的最完整、规模最大的建筑群，1962年7月被列为省重点文物保护单位。相传唐代时，一位天竺（印度）属国波罗使者来华，终老于广州，后被封为“达奚司空”。因其曾在南海神庙种植了波罗树，神庙在民间又被称为“波罗庙”，南海神诞因此也被称作“波罗诞”。南海神庙及邻近的浴日亭以“扶胥浴日”之美誉在宋、元、明、清时期增列为羊城八景之一。南海神庙的庙会在每年农历二月十一至十三举行，是广州乃至珠江三角洲地区独具特色的民间传统节庆活动、最大的民间庙会。

波罗诞买波罗鸡是广州人在波罗诞上的“保留项目”。这波罗鸡并非真鸡，而是一种工艺品。传说旧时，波罗庙附近一个村，有位张姓老妇，无儿无女，只与一只大公鸡相依为命。而村外有个有钱的员外，酷爱斗鸡，对张姓老妇的雄鸡早有所闻，派人要那只雄鸡与他的较量，被老妇拒绝。员外不甘心，偷偷地拿了自家最威猛的雄鸡去斗，结果被杀得一败涂地。员外出高价想买老妇的鸡，仍被拒

▲ 波罗诞庙会

▼ 波罗诞仪式

▲ 波罗鸡

绝。他恼羞成怒，一天，趁老妇下田之机，派家丁将雄鸡偷了回来。谁知，这只鸡从此再不啼叫。员外一怒杀了它。伤心不已的老妇将鸡毛一根根捡回家，洗净晒干，用黄泥做鸡身，纸皮做鸡皮，把鸡毛一根根粘上去，说也奇怪，粘上去的鸡栩栩如生，第二天早晨，老妇又听到雄鸡在啼叫。她高兴至极，又做了不少这样的鸡，留下最心爱的一只，其余的都拿到波罗诞卖。波罗诞上买波罗鸡的习俗就这样流传下来。

波罗诞期间，南海神庙一带十分热闹，人山人海，卖波罗鸡、波罗符、玩具、食物、日用品的，舞狮、演武的，应有尽有。近年来，每逢波罗诞，人们便携儿带女，呼朋叫友，兴致勃勃地“游波罗”。在长约 200 米的庙头路上，一时车水马龙、水泄不通，人们争相选购栩栩如生的波罗鸡及各式各样的民间工艺品。

2006 年在南海神庙举办了第二届广州民俗文化艺术节暨黄埔波罗诞千年庙会，广州市文化局与黄埔区政府签订了协议，从此以后广州民俗文化节与波罗诞连体，永久落户南海神庙。为期 5 天的庙会中，调集了广州各地民间文艺表演节目，粤味十足的龙舟说唱，具神奇色彩的沙湾飘色，形形色色的鳌鱼舞、麒麟舞，还有压轴的粤剧演出，南海神诞越来越红火了。

乞巧节

乞巧节，广州人称“七姐诞”“七娘诞”，或“摆七娘”“拜七娘”。起于汉代，广州人历来重视过此节，宋人刘克庄诗云：“粤人重巧夕，灯火到天明。”清末民初，此风尤为兴盛。胡朴安撰辑的《中华全国风俗志》辑录了清末民初广州女子拜七姐的风俗，详细记载了关于乞巧节“摆巧”的情形。作家欧阳山在《三家巷》中所写的广州七夕风情，可与胡朴安的辑录相互印证。大量的竹枝词也同样反映了羊城乞巧节的盛况，如清代广东诗人汪鮀在《羊城七夕竹枝词》中写道：“十丈长筵五色香，香奁金翠竞铺张。可应天上神仙侣，也学人间时世妆”“芝麻为米烛为桥，巧乞天孙夜未迢。郎比牵牛妾织女，年年夜夜是今宵”等，此外广州还形成了上九甫、下九甫、第十甫、十六甫等专卖女子品物的乞巧街市。

▼ 摆巧

▲ 东方尊七夕，南粤重乞巧

▼ 珠村七姐诞

广州乞巧节繁缛、隆重的仪式为国内他处所未有，节日活动含摆巧、拜仙、乞巧、吃七娘饭、看七娘戏等诸多内容；以“摆巧”为具体内容，并形成独具特色的传统七夕工艺系列作品，如斋塔、芝麻香、鹊桥景观、七娘盘、七夕公仔等；独具特色的“迎仙”仪式是广州乞巧节的一大重要特色。乞巧节到来之前，年轻的姑娘们就预先备好用彩纸、通草、线绳等编制而成的各种新奇的小玩意儿，用来和儿童逗玩。她们还会准备一些谷种和绿豆，放入小盒里用水浸泡，使之发芽，待芽长到两寸多长时用来拜神，称为“拜仙禾”或“拜神菜”。从七月初六晚开始至初七晚，一连两晚，姑娘们穿上新衣，戴上新首饰，一切都准备好后，便焚香点烛对着星空跪拜，从三更至五更，要跪拜七次。姑娘们迎仙拜仙之后，手执彩线对着灯影将线穿过针孔，一口气能穿七枚针孔者叫“得巧”，也称“巧手”，穿不到七个针孔的叫作“输巧”。乞巧节过后，姑娘们将所制作的手工艺品互相赠送以表达友爱之情。

广州是目前国内乞巧习俗保留最完整和特色最鲜明的地区，以族群为单位展开的“七姐诞”具有极高的民俗学、人类学价值。保护濒临灭绝的乞巧节庆文化，对于保护城市中有价值的非物质文化遗产和城市文化的多样性具有重要的文化意义，对于和谐社区的建立亦具有重要的现实意义。

第五章

愈夜愈美丽

5

城，所以盛民也；民，乃城之本。对于生活于斯、奋斗于斯的人们来说，城市不仅是寄身之所，更是心灵所依。特别是大城市中的上班族，当忙碌渐成常态，夜晚消遣慢慢成为一种精神寄托，用消费犒劳自己、以娱乐放松身心越来越成为一种普遍选择。广州，从来都是一座不夜城。

广州“夜经济”由来已久

纵使夜再深，珠江两岸依然人来人往，天河路仍旧觥筹交错，北京路步行街始终熙熙攘攘，哪怕是东方渐渐泛白，街头巷尾还能见到行人……来自世界各地的旅客，无不惊叹于广州“夜间经济”的繁荣。

▲ 夜广州街头巷尾

夜间经济的崛起告诉我们：在空间的维度之外，我们还可以用时间来分段规划城市——因为白天和夜晚的城市，物质条件虽几无变化，但形态和运行模式千差万别，最典型的例证便是夜晚以消费性活动为主，而白天则是生产性活动的高峰。

“夜经济”作为一个经济学概念，是晚上6时至次日早上6时城市特定地段各种合法商业经营活动的总称。2019年8月6日，广州市商务局发布“广州夜间消费地图”，开启广州打造夜间经济的实质之举。其实，广州的“夜经济”由来已久。1979年，广州东方宾馆开办了全国首家营业性的音乐茶座；1984年，广州西湖路灯光夜市开市，成为全国第一个灯光夜市。KTV、夜宵等夜间生活方式，最早从广州兴起，逐渐向全国铺开。

▼ 珠江两岸的灯光

在 20 世纪 80 年代末 90 年代初，全国的大城市，都掀起了“灯光夜市”的热潮，但随着城市化的高速发展和城市环境整体规划的需要，一些占道摆摊、区域划分不规范的灯光夜市就慢慢地淡出了市场，原来嘈杂的夜市瞬间静了下来，先前明亮热闹的场景，从此就“消失”在沉沉的夜色中。但是最近几年，广州市又开始思考如何让“夜经济”进一步点亮都市的夜空，除了鼓励企业推广夜间延时服务，夜间特定时段设置分时制步行街，强化保障措施，擦亮“食在广州”招牌外，还将围绕“千年商都”“岭南文化”“都市文化”等特色，打造一批凸显地方特色的夜间文化旅游集聚区。对比从前的“灯光夜市”，这种“夜经济”的概念，是更有规划的措施，让人期待这会让广州成为一个别具风情的夜市，成为广州一张出色的城市名片。

可以说，我国夜间经济已由曾经简单的“夜市”发展为包含“食、游、购、娱、体、展、演”等多元形式的夜间消费市场，人们的夜间生活有了全新的“打开方式”。从“日出而作、日落而息”的农耕社会到分秒必争的现代生活，夜晚的时间被拉长、延展，变得更加多姿多彩。遍布大街小巷的 24 小时便利店成为加班人群的“补给站”，不断延长的夜间交通运营时间让夜归人更从容，在夜间举行的球赛、跑步活动让白天忙碌的人们也能参与体育锻炼……由夜经济所塑造的消费模式、生活方式，正成为满足人民美好生活需要的生动注脚。

▼ 傍晚的花城汇

打造“广州之夜”城市名片

白天努力上班，夜晚享受生活，越来越成为年轻消费者的日常生活方式。这意味着，消费者们对夜间消费的类型、数量、形式都有着新的需求。单纯的吃吃喝喝、购物逛街已很难满足人们对“夜间经济”的需求，在广州，夜间观影、夜游博物馆、夜宿“24 小时书店”，都成为新兴的“夜生活”方式。

在很长一段时间里，“夜宵文化”是广州夜经济的代名词之一。在推动夜经济发展的过程中，对广州而言，将“美食之都”与“夜生活”结合成为最有效的路径。“食在广州”并非浪得虚名。马蜂窝旅游网发布了“夜间旅游攻略 2019”，其中盘点了夜游热度最高的 5 座城市，广州赫然在列。除了其名声在外的珠江夜游和长隆，令人眼花缭乱的夜宵小吃也是力荐理由之一。宝业路、洛溪食街、岗心路、陈家祠广场、文明路……有着“食在广州”美誉的广州，夜宵极为丰富。“没吃过夜宵就像没来过广州。”每个广州人心中可能都有一处吃夜宵的好去处，不仅本地人热爱消夜，“去广州，吃夜宵”也成为外地人体验广州文化的重要方式。夜间经济，吃是起点，而广州的夜间消费“菜单”也不只是吃夜宵这一个选择。

在人们以往印象中，看电影这种娱乐活动都是在白天进行，但从《阿里巴巴“夜经济”报告》来看，夜场电影已经成为年轻消费者的心头好。而广州在全国夜间观影人数最多的五大城市中排名第一，可见消费者们的夜间需求发生了多么大的变化。具体来看，广州成为每天夜场电影均超过 1000 场的三座城市之一，与之对比的是将近 84% 的城市每天夜场电影不足 100 场。

除了电影院，博物馆也即将成为广州“夜间消费”活跃的文化场所。广州包括三大会址纪念馆、农讲所、广州起义纪念馆、广州博物馆等首批 11 家博物馆（纪念馆）实行夜间开放。开放期间，各博物馆提供基本与白天一致的服务，如参观、讲解，并将适时组织和推出适合夜间开展的文化艺术活动，观众可通过提前预约和现场接待相结合的方式入馆参观、游览。同时，各博物馆积极开展了夜间各类文化艺术活动，着力打造“博物馆奇妙夜”，如农讲所新时代红色文化讲堂夜间课堂、帅府之夜、放映红色电影，等等。

为了让市民、游客更加充分地领略广州“夜生活”的独特魅力，在开放博物馆“夜游”的基础上，广州有关部门还精心打造并推出了红色传承之旅、千年古迹之旅、珠江魅力之旅、都市寻味之旅、活力都市之旅、西关风情之旅这 6 条“夜游广州”精品旅游线路，突出广州自身的文化特色，让文化和旅游在融合发展中碰撞出新的“火花”，更为广州“夜间经济”增添新的亮色。

广州市有关部门表示，接下来广州还将把“广州国际购物节”“广州时尚周”“国际美食节”等办成广州的标志性节庆，在节庆期间举办精彩纷呈的夜间活动，增加文化、旅游、体育元素，共同打造全城节庆氛围。

▲ 广州的夜晚热闹非常

广州夜间消费地图

2019 年 8 月 6 日，广州市商务局发布了“广州夜间消费地图”，明确北京路步行街、天河路商圈等 15 个消费集聚区为首批“夜广州”消费地标，为市民和游客夜间消费提供指引。接下来还将重点打造北京路、环市东、天河路、珠江新城、上下九、沙面、珠江琶醍、白云新城、长隆汉溪—万博等夜间消费集聚区，完善配套设施和公共服务。鼓励集聚区内购物、餐饮等企业提供夜间延时服务，鼓励大中型商贸流通企业开展多种形式的夜间促销活动。

通过发布夜间消费地图、打造夜间消费集聚区，广州进一步丰富和满足市民和游客的夜间消费需求，打造大湾区“不夜城”。力争到 2021 年，全市夜间消费优质产品和服务显著增加，夜间经济的生活方式和消费模式更加丰富，以岭南文化为主线，品牌化、国际化、特色化更加鲜明的全域夜间经济产业链更加完善，打造“广州之夜”品牌。

羊城的夜色五光十色、光怪陆离，温柔的月色将整座城市都浸润在一种柔情蜜意的风韵里，广州的夜生活，每个人都能在这里找到自己的所爱。在这里，剧院是文化，小吃摊也是文化；西餐厅是文化，大排档也是文化；夜市是文化，商场也是文化。这是文化的表象，更是文化的精髓，无论高雅与通俗，文化的本质都不会消失和改变。

▲ 天河城的灯光秀

篇四

从珠江到世界

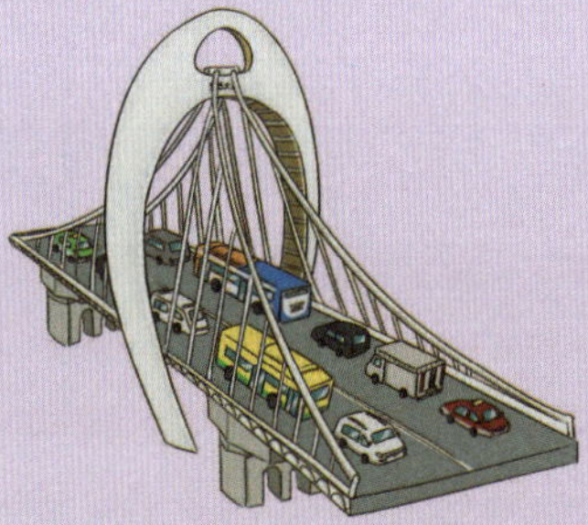

珠江，是一条世界的河流，它流入南海，汇进太平洋。无论是广府人、客家人还是潮汕人，他们更从珠江走向世界，遍布五大洲、四大洋。站在珠江口，放眼全世界，我们不难看到，正是珠江人率先与世界的先进文化接轨，领风气之先。

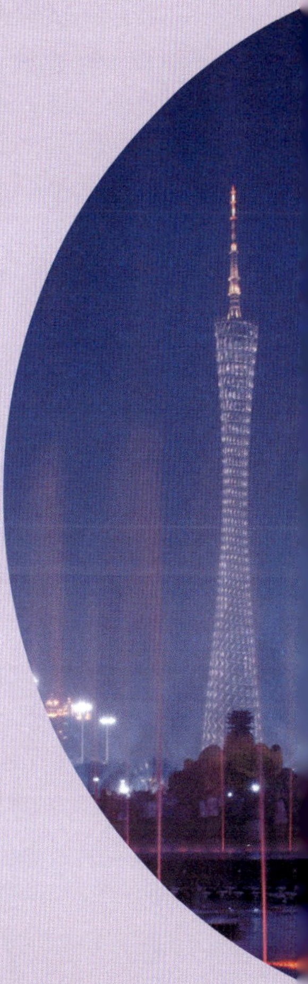

第一章

从珠江三角洲到粤港澳大湾区

1

如果说改革开放之初的广东还仅是内地经济边陲地带的话，今日大湾区涵盖的珠三角地区，无论科技创新还是进出口贸易，都在全国处于举足轻重的地位。而作为大湾区的核心城市和龙头城市，广州这座千年商都和大湾区的中心，如今自然是风好帆正悬，奋进正当时。

2018 年 10 月 24 日，随着港珠澳大桥的全线贯通，珠江口东西两岸将形成一个完整的闭环，一个比旧金山湾区还要庞大的经济体正在吐故纳新，粤港澳大湾区作为世界经济版图的新亮点雏形初现。

世界湾区经济，一直是带动全球经济发展的重要增长极和引领技术变革的领头羊。因此大湾区的目标是不仅要建成充满活力的世界级城市群、国际科技创新中心、“一带一路”建设的重要支撑、内地与港澳深度合作示范区，还要打造成宜居宜业宜游的优质生活圈，成为高质量发展的典范，与美国纽约湾区、美国旧金山湾区、日本东京湾区并称为世界“四大湾区”。

如果说改革开放之初的广东还仅是内地经济边陲地带的话，今日大湾区涵盖的珠三角地区，无论科技创新还是进出口贸易，都在全国处于举足轻重的地位，这显示了国家在推动粤港澳大湾区建设方面有着深远的考虑。作为大湾区的核心城市和龙头城市，广州这座千年商都和大湾区的中心，如今风好帆正悬，奋进正当时。

▼ 港珠澳大桥

远古珠江

珠江，作为广州的母亲河，因交通便利之势而形成商港，它像一条流动的飘带，记载凝聚了广州 2000 多年的历史文明，把广州和西方外来文化扭合在一起，有着不可取代的文化地位，可以说是广州这个历史文化名城的窗口。

公元前 221 年，秦始皇继统一北方六国后，在今广东境内设置南海郡，治所在番禺，并举三年之功劈山凿渠修建了贯通湘江与漓江的水道——灵渠。一个因军事需要而兴建的古代水利工程，奇妙地把珠江水系与长江水系连接了起来。从此，二者连为一体。中国经济、贸易和文化往来的国家内循环系统开始建立，岭南地区也被正式纳入中原王朝的版图。

唐宋时期，广州有当时世界上最长的远洋航线——“广州通海夷道”。据《新唐书 · 地理志》记载，广州通海夷道全长 1.4 万千米，以广州为起点，途经 100 多个国家和地区，可到达东南亚、印度洋北部、红海沿岸、东北非和波斯湾诸国。此时，海上丝绸之路发展到顶峰，珠江成为世界首屈一指的商贸大河。

明清时实施海禁，广州是唯一一个对外通商的口岸，水面上的货船如过江之鲫，广州成了世界认识中国的窗口，珠江成了中国与世界往来的重要水上通道。

▼ 唐朝时广州为通海夷道起点示意图

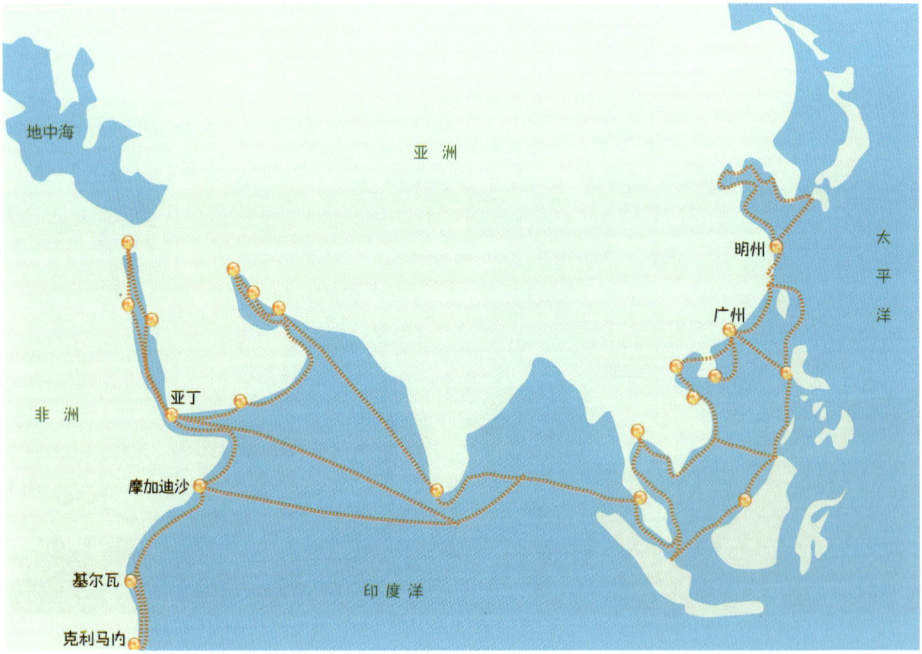

腾飞珠江

随着珠三角经济的飞速发展，沿着珠江流域正在生成一个世界级城市群——珠三角城市群。与国外著名城市群相比，珠三角城市群的经济规模毫不逊色。珠三角城市群是亚太地区最具活力的经济区之一，包括广州、深圳 、珠海、佛山、东莞等 14 个城市。珠江三角洲地区加上香港和澳门，其经济总量，相当于两个半台湾，一个澳大利亚或一个俄罗斯。这里有着具全球影响力的先进制造业基地和现代服务业基地，不仅是中国参与经济全球化的主体区域，还是我国人口集聚最多、创新能力最强、综合实力最强的三大区域之一，创造着全省 85% 的 GDP，国内只有长三角城市群能与之媲美，被誉为“南海明珠”。

2015 年，珠江三角洲超越日本东京，成为世界人口最多和面积最大的城市群，“珠三角”已经成为中国市场体系最完备的地区之一，也是中国的高科技生产中心、物流中心和旅游中心，被称为“中国硅谷”和“世界工厂”。

2019 年粤港澳大湾区规划正式实施，意味着包括港澳在内的珠三角城市融合发展得以升级，从过去三十多年前店后厂的经贸格局，升级成为先进制造业和现代服务业有机融合最重要的示范区；从区域经济合作，上升到全方位对外开放的国家战略，这为粤港澳城市群未来的发展带来了新机遇，也赋予了新使命。从珠江三角洲地区到粤港澳大湾区，改变的不仅是名称，更是区域范围、产业形态、经济格局的变革。“三角洲”在文化层面上是内陆文明的发源地。“湾区”代表了海洋文明，是人类与海洋结合的地方，比“三角洲”更具国际化。

▼ 港珠澳大桥

要建设成为全国最开放、最国际化、最具全球化特色的区域，粤港澳大湾区的最终落脚点一定要在区域老百姓的生活上，只有在充分实现全民福祉后，老百姓才会形成对粤港澳大湾区城市群的共同认可。粤港澳大湾区的建设不仅仅是促进了广州的经济发展，让企业有更大的发展空间，也能惠及普通百姓的生活。

很多人提到的“大交通时代”，可以说是粤港澳大湾区与我们关系最密切的概念了。所谓“大交通时代”，是说在“十三五”规划期间，广州计划投入约 3000 亿元建设交通，打造粤港澳 1 小时生活圈。2018 年 9 月 23 日，连接香港、深圳、东莞、广州总长 146 千米且最高时速可达 350 千米的广深港铁路正式开通，打响了大湾区轨道交通设计的第一枪。从前，我们去深圳、香港等城市都要经历长途跋涉，但现在随着广深港铁路的开通，从广州出发，只要花 40 分钟就能到达深圳，1 小时内就能到达香港，去玩、去购物或出差等就更加方便了，一天之内往返多个城市已经不是想想而已。还有世界级项目港珠澳大桥，一桥连三地，香港、澳门、珠三角都连在一起了。

区域合作带来的好处，在年轻人身上体现得更加明显。当今社会接受高等教育的年轻人数不胜数，但随之而来的问题是，就业空间受限、就业岗位缺乏。粤港澳大湾区建设恰恰就是这个“药方”。通过粤港澳大湾区建设，湾区内经济快速发展，尤其是科技创新活力涌现，将带来更多更高端的岗位，广州的年轻人可以融入广东省甚至其他更远的省市，同时也极大地拓展港澳居民的发展与社会阶层流动空间，让港澳居民搭上内地发展快车，为港澳青年创新创业提供广阔的发展空间、工作机会以及更好的居住条件。

▲ 港珠澳大桥口岸

▼ 港珠澳大桥隧道口

第二章

从珠江出发，走向世界

2

无论是两百多年的哥德堡号，还是八百年历史的南海一号，抑或目前保存在广州市内各地的二十多处海上丝绸之路遗址，都有力地佐证了中西文化最早的交流始于南粤，且千百年来从未间断。

以海上丝绸之路打开世界大门

“咸淡水交汇”的珠江地域，虽远离中国传统政治文化中心，却与外来海洋文明有着千丝万缕的不解之缘。文天祥留下千古绝唱的珠江口伶仃洋（也作“零丁洋”），自古而来，就是中国连接世界的一条最有活力和价值的黄金水道。从公元前2世纪形成的由广州至南洋各国及印度和西亚的海上交通，是我国古代到近代的主要对外贸易通道。新中国成立以来多次陆地和水下考古发掘的大量文物表明，海上丝绸之路源远流长，是我国对外关系的重要组成部分，对中国、亚洲及世界的政治、经济和文化的各个领域都产生了深远影响。

▲ “南海一号”出土宋青白釉印花菊瓣纹碗

1983年6月9日，一个石破天惊的考古发现，开启了广东海上丝绸之路远早于中原陆上丝绸之路最原始的物证之门。这一天，在广州市区内一座名叫“象岗”的小山上突然挖掘出秦末汉初第一代南粤王赵佗孙子赵眜的陵墓。那些价值连城的陪葬文物竟是舶来品，这证明西汉南越国已经有了频繁兴盛的海外交通贸易。

1745年，第三次来到广州、满载700吨东方商品的瑞典东印度公司商船“歌德堡号”返航。不幸的是，其在瑞典哥德堡港外大约900米处沉没。2006年7月18日上午，跨越261年历史和17000多海里航程、历经9个多月的瑞典仿古木船“哥德堡号”，缓缓地停在了南沙码头上，掀起两地经贸、文化、旅游交流合作的新高潮。

▼ “南海一号”出土宋青白釉印花芒口碗

2007年12月22日11时30分，“南海一号”沉船在广东阳江海面整体出水。这一发现当下便震惊世界。经过专家最终鉴定，这艘造于南宋时期的古船是从珠江口出发的。船上的大批瓷器中有些甚至是外国客户的定制品，或可算作中国古代对外贸易中的“来样加工”。

无论是两百多年的哥德堡号，还是八百年历史的南海一号，抑或目前保存在广州市内各地的二十多处海上丝绸之路遗址，都有力地佐证了中西文化最早的交流始于南粤，且千百年来从未间断。

以粤港澳大湾区走向世界

1985 年珠江三角洲开辟经济开放区，经济发展方式从内向型向外向型过渡。2003 年泛珠三角区域开始合作，泛珠三角区域包括广东、广西、海南、云南、贵州、四川、湖南、江西、福建 9 个省区和香港、澳门 2 个特别行政区，简称“9+2”。这 9 个省区的区域面积为全国的 1/5，人口占 1/3，经济总量占 1/3，加上香港和澳门 2 个特别行政区，泛珠三角成为中国经济发展的高速增长极。2015 年广东自贸试验区正式挂牌，广州南沙、深圳前海蛇口、珠海横琴三大片区，在珠江口入海处形成了一个“金三角”，分布在珠江口的 116.2 平方千米，成为新的热土。

珠江向东向南，向着大海的方向，向着世界而行。如今的广州，正以珠江为主干线，向着粤港澳大湾区几何中心的南沙一路呼啸前行。广州将一如既往地塑造依山沿江滨海、特色鲜明的城市风貌。

向东，广州将包括琶洲地区、国际金融城、黄埔临港经济区、长洲岛在内的 59 平方千米纳入东部沿江发展带，建设世界级滨水区，其面积相当于 6 个琶洲岛。而昔日民主革命中心长洲岛，将定位为“珠江国际慢岛”，未来重点发展文化教育、观光旅游、休闲度假、时尚创意等，和风习习，文化扑面，沿着珠江漫步，风景一派旖旎。

向南，广州将谋划建设市民亲近大江大海的广州景观一号公路，连接广州第二中央商务区和南沙新区。

据规划，广州景观一号公路途经 70 千米滨水岸线、200 平方千米桑基鱼塘和滨海湿地、4 座大跨度地标式跨江桥梁、26 处历史文化点、9 个传统水乡村落，规划建成串联沿途大地景观、让市民亲近大江大海、向世界展现广州的最美之路。中国工程院院士、华南理工大学建筑学院院长何镜堂曾指出，广州要有一些东西能拿到世界上去，“外国人一来就是要看它，这就是城市特色，就像去巴黎就要到埃菲尔铁塔。”可以说，

这条“广州最美之路”的建设，既串起了广州中心城区的核心金融城，也连接了番禺东部的发展新区，并令南沙的核心区与国际金融城形成无缝连接。

无论向东向南，沿着珠江抵达南沙，纵目远望，你的视觉抵达的将是波光渺渺的大海。从南沙出发，泛舟海上，你还将走进未来的中心——粤港澳大湾区。

从海上丝绸之路到珠三角城市群，再到粤港澳大湾区，珠江走向世界的步伐越来越大，广州也从海上丝绸之路的港口一跃成为粤港澳大湾区的领头羊之一，未来广州将举全市之力推动大湾区建设，着力推动广州、深圳、香港和澳门科技创新走廊建设，大力推进广中珠澳高铁、穗莞深城际等项目的建设，加快构建形成大湾区 1 小时交通圈、南沙与周边城市的半小时交通圈，携手兄弟城市共同建设国际一流湾区和世界级城市。

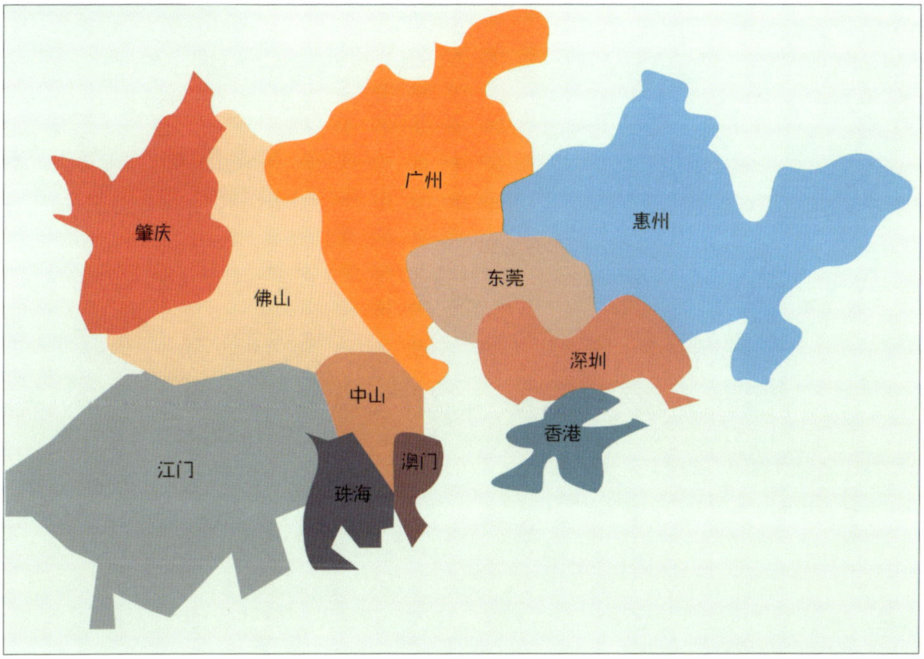

▲ 粤港澳大湾区区域示意图

篇五

珠江游全攻略

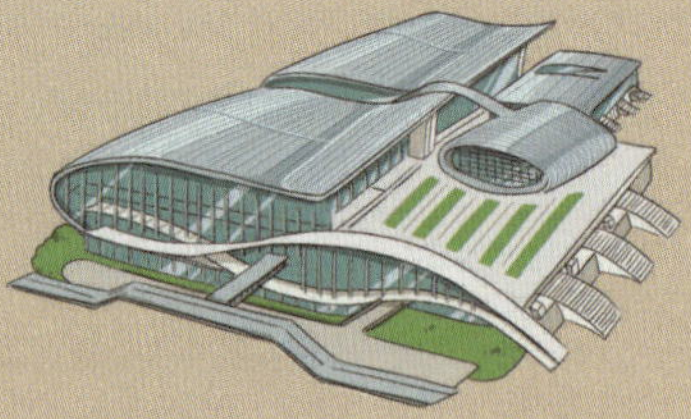

珠江两岸，从西往东，可谓一步一景，它们承载着太多“老广”和“新广”的时代记忆。如今，珠江夜游、登广州塔、逛沙面、游荔枝湾等，已经成为外地人来广州的必游选项，也是广州人美好生活的重要组成部分。

▲ 白鹅潭里看广州

1. 鹅潭映月

白鹅潭位于荔湾区西南部、沙面岛南部的珠江河面，是珠江三段河道的交汇之处，河面宽阔浩渺、烟波荡漾、风景秀丽怡人，人们便给它起了一个美丽的名字——白鹅潭。

清代，白鹅潭一带聚集数千华缛花船，对列成行，用板排钉连成，路如平地，更用洋锦毡氍（qú，音同“渠”）铺垫，使人疑在陆上。船上海鲜美食，乐曲戏班，应有尽有。每当明月初升，晚潮乍起，公子哥儿流连其中，笙歌彻夜。后花船遭火灾，焚烧殆尽，昔日风光不再现。

第二次鸦片战争爆发后，沙面沦为英、法租界，白鹅潭成为帝国主义军舰耀武扬威的地方，并在南面码头上建一“日”字方亭称“绿瓦亭”，专供外国人上下船之用。新中国成立后，沙面真正回到了中国人民的怀抱，白鹅潭才恢复平静。

在绿瓦亭外水面上，停泊着一座由老渡船改造成的水上餐厅，叫“鹅潭酒舫”，接待中外游客品尝广州名菜美点。入夜，江上渔火闪烁，绿瓦亭与鹅潭酒舫灯火通明，明月空悬，月色倒映，舟影绰绰，江天四望，景色迷人。这一特定景色构成的画面，成为 20 世纪 60 年代羊城八景之一 —— 鹅潭夜月。

在过去很长一段时间里，绿瓦亭是西关人家休闲纳凉的最佳去处。尤其是在酷热的夏天，彼时还没有空调，一般人家里也没有电风扇，因此街坊们晚饭后喜欢散步到江边乘凉，任清爽的江风拂面，赏头顶上的“广州最美月亮”，尽情享受忙碌一天后难得的闲暇。

这时的江滨热闹又祥和，大人们喜爱在路灯下垫一张报纸坐下，然后下棋、打牌或者聊天；孩子们则喜欢蹲在堤岸边，用拴了饭粒的细线钓石缝里贪吃的蟛（péng，音同“鹏”）蜞（qí，音同“棋”）仔。离绿瓦亭不远处有两座清道光年间铸造的大铁炮，是 20 世纪 60 年代初沙面修下水道时所发现，以前小孩子们也喜欢在那里爬上爬下。可惜的是，绿瓦亭今已不存。

如今，广州市政府已经将白鹅潭定位为广佛之心、国际商业中心、水秀花香的宜居城区，未来发展不可限量。不管岁月如何变迁，白鹅潭清澈的水面依旧映照着“广州最美月亮”，映照着广州人最美的记忆……

▼ 傍晚的白鹅潭

2. 白鹅展翅

20世纪70年代末，改革开放的春雷激荡，作为改革试验田的广东虽也荡起阵阵涟漪，但前进的路上，如履薄冰。霎时间，一只“天鹅”冲天而起，吹皱一池春水——它就是坐落在风景宜人的沙面岛南边、濒临三江汇聚点的白天鹅宾馆。白天鹅宾馆是我国第一家中外合作的五星级宾馆，更是改革开放的见证者！

像一只展翅欲飞的白天鹅屹立于岛上，白天鹅宾馆独树一帜的中国园林、现代世界时尚设备的高雅格调，与沙面岛的欧陆风情融为一体，为白鹅潭增添了几分姿采。夜幕降临，白天鹅宾馆和沙面岛灯色争相辉映，树影绰绰，霓虹闪烁，照耀波间，为“珠江夜游”增添风采。昔日的鹅潭夜景为这一幕景色所代替，呈现着时代的璀璨光辉，也诉说着白天鹅宾馆的不同凡响。

中国步入改革开放之际，香港工商界领袖霍英东来到沙面，面对三江交汇的白鹅潭浮想联翩，希望把白鹅故事充分定格。1979年4月，他与广东省政府签署了共同兴办白天鹅宾馆的协议书，使之成为中国对外开放后第一家中外合作经营的五星级宾馆，也是中国第一家由中国人自行设计、施工、管理的大型现代化酒店。不仅如此，宾馆于1983年隆重开张之日，霍英东还做出了一个令满城轰动的决定——敞开大门，向老百姓开放。要知道，那个时候国内并没有让普通百姓进入涉外宾馆参观的先例。霍英东力排众议，他认为，彼时国家缺少的不是一家酒店，而是一扇窗户。而“白天鹅”便是那一扇窗，放外面的世界给中国人看，也是放中国的模样给外国人看。因而，“白天鹅”成了国内首家向群众开放的高级宾馆。

▼ 白鹅展翅

白天鹅宾馆开放第一天，闻讯而至的市民扶老携幼、争先恐后，许多人为自己第一回置身于如此富丽堂皇的环境而惊讶不已。时至今日，广州人依然对此事啧啧称道，更时不时带同亲朋好友到“白天鹅”回味自己第一次踏入其中的激动心情。“白天鹅”俨然成了广州人几十年来的骄傲。

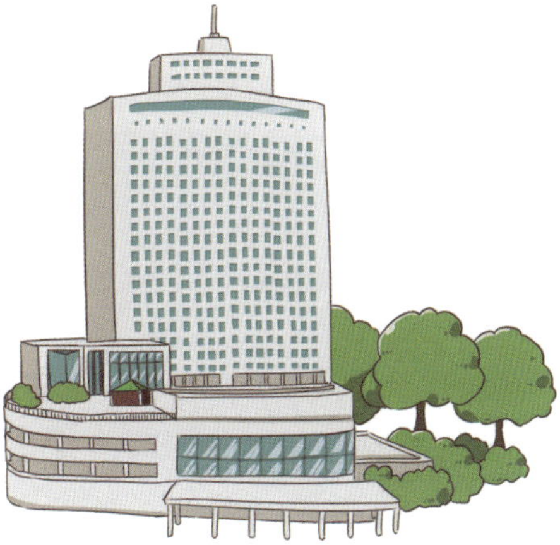

同时，宾馆开张之日的“开放”态度，形成了沙面的又一个游玩新景点，游客们纷纷循踪而来。以白天鹅宾馆为主体的“鹅潭秀色”景观，如今也成了广州市的“新八景”之一。宾馆方面也十分“配合”，把中式玉雕和各种大型摆件都摆到了店外，既是饰品又可售卖，俨然一个艺术长廊。大堂中那瀑布流淌的“故乡水”景观更是以其浓郁的岭南建筑风格吸引了众多游客在其周围拍照留念。

30 多年来，白天鹅宾馆接待过 40 多个国家的元首和政府首脑，大家想象得到的名人，如英国女王、美国总统、德国总理、瑞典国王、全球首富、世界球王都相继入住过白天鹅宾馆。改革开放的总设计师邓小平更是曾三次莅临白天鹅宾馆。霍英东曾在接受香港媒体采访时，回顾兴建广州白天鹅宾馆的历程，说了这么一句掷地有声的话：“‘白天鹅’不是一间酒店，而是改革开放路线正确的见证！”

▲ 2020 年元旦时的“故乡水”

3. 沙面万国建筑群

沙面为珠江冲积形成沙洲而得名，南濒珠江白鹅潭，北隔沙基涌，自然环境优越。岛上绿树成荫，繁花似锦，上百棵古树、清新的空气使得沙面于广州更像是世外桃源般的存在。然而，这个浪漫惬意的人工小岛却历经百年沧桑，见证了中国近代史的变迁。因此，它也被称为“中国近代史上活的博物馆”，是广州乃至中国近代史的重要组成部分。

▲ 20世纪初沙面租界的江面风帆船

在宋元明清时期，沙面就已是旅游胜地，也是广州重要的对外通商地点。可是鸦片战争爆发后，清政府被迫同意把沙面租给英法联军。之后，曾有10多个国家在沙面设立领事馆，9家外国银行、40多家洋行在沙面经营，粤海关会所、广州俱乐部等在沙面相继成立。从那时开始，一座座具有欧陆风情的建筑拔地而起，形成了广州最具异国情调的建筑群。因多样化的建筑以及保存完好的格局，沙面建筑群在1996年便与上海外滩建筑群成为首批“全国重点保护单位”的西方古典建筑群。因此，沙面岛上这些欧陆风情建筑形成了独特的露天建筑“博物馆”。岛上共有150多座中西合璧风格建筑，比较知名的有红楼、汇丰银行、露德天主教圣母堂等，不同风格的建筑交相辉映，也成就了一番独特色彩。新巴洛克式、仿哥特式、券廊式以及中西合璧的风格百花齐放，共同绽放在这旧时的拾翠之洲上。

▼ 沙面欧式建筑

沙面不只有满满的欧式建筑，也不只是充满欧陆风情，它还藏着广州人民的斗争与反抗精神。在沙面面对白鹅潭的岸边，陈列着两门古老的大炮，这两门大炮是广州人民抵抗帝国主义侵略的历史见证，更将作为一种精神永传后世。这里，更有孙中山、周恩来等伟人的足迹。

丰厚的历史底蕴和优美的环境，使沙面成为广州著名的旅游区、风景区和休闲胜地。等到华灯初上，找一家咖啡馆，沉思往事，遥望白鹅潭，别有一番情调。

4. 洲头咀

▲ 阿曼苏哈尔号木帆船马斯喀特—广州航行纪念碑

胸径盈抱的细叶榕和木麻黄浓荫覆盖，挺拔的木棉树萌绽出英雄花朵，郁秀的白兰树溢袅出扑脸幽香。亭台曲径，绿树婆娑，微风习习，涛声潺潺，午后漫步其中，竟觉烦恼顿消。抬头看见广场中心一座 5 米高的巨型船锚，象征着白鹅潭三江汇流的情景，便知这里是洲头咀公园。

洲头咀公园是开放式街心广场，占地 2.3 万平方米，绿化面积超过七成，位于广州海珠岛西端三江交汇之地，在这里可以看到浩瀚的江景。洲头咀公园平日里很安静，因此你可能不知道，在公园的一座纪念碑和一座雕塑底下，埋藏着两段一点也不“平静”的往事。

一座是纪念 1200 多年来中国和阿曼苏丹国友谊的苏哈尔号帆船纪念碑。这座高约 5.4 米、近似正方形的纪念碑立于阿曼苏丹国建国 25 周年纪念日（1995 年 11 月 18 日），重修于 2001 年 11 月 18 日（环保年），正对着白鹅潭和白天鹅宾馆。公元 8 世纪，著名的辛巴达航行联通了阿曼苏丹国与中国，使两国的贸易来往和文化交流变得更为紧密，而同时，苏哈尔港和广州也成为两国交往的中心。为纪念辛巴达航行并表达两国永世结好的愿望，阿曼苏丹国的陛下下令采用原始的传统材料，建造一艘木船，命名为“苏哈尔号”，从阿曼苏丹国的港口马斯喀特航行至广州珠江，全程历时 220 天。后阿曼苏丹国民族遗产文化部和中华人民共和国文化部共立此碑，永志两国友好。纪念碑上还有苏哈尔号三桅木帆船的航行图，其旁边光芒四射的红太阳，便象征着阿拉伯民族的和平使者，迎着惊涛骇浪，历尽千辛万苦向东方胜利航行。

另一座则是纪念广州人民英勇反抗英国侵略者壮举的雕塑。1842 年清政府与英国签订了第一个不平等条约——《南京条约》后，英人为了扩展侵华版图，便开始觊觎濒临白鹅潭、航道深阔、锁扼三江、具有重要战略地位的洲头咀。到了 1847 年，英国公使、香港总督德庇时便借口佛山等地群众殴打英侨，要指挥坚舰利炮侵入广州，并提出“入城、租地、惩凶”三项无理要求，企图暴力强占洲头咀为租界。而当时清政府两广总督耆英媚敌且无能，竟对对方的要求一一答允。不久，英人开始肆无忌惮地在洲头咀丈量土地，插旗志界。洲头咀人民得知后，河南四十八乡共三千多人，前往英商馆示威，广州其他地方十多万市民也纷纷支援。英国侵略者慑于广州人民的强烈反对，不得不停止对洲头咀的租借土地活动。洲头咀抗英斗争因而取得了彻底的胜利，极大地鼓舞了广州人民与英国侵华势力做斗争的信心和勇气，在广州抗英斗争史上留下了“北有三元里，南有洲头咀”的佳话，在中国近代史上写下了光辉的一页。为了纪念中国近代史上这一壮举，在这一事件 140 周年之际即 1987 年，海珠区人民政府便在洲头咀的江岸上树立了这座名为“南溆风华”的抗英纪念浮雕，时时激励广大群众的爱国主义热忱。

◀ 洲头咀公园船锚

5. 粤海关大楼

广州有着两千多年对外贸易的传统。从“古之楚庭”，秦汉之际“天下一都会”，明代有集天下商贾之势，清代号称“金山珠海，天子南库”，到今天成为一座国际化大都市，广州始终同对外贸易有密切关系。西汉的南越国、五代的南汉国之所以能够立国，对外贸易是其重要的经济支柱。而负责对外贸易管理的海关制度，也是从这里发端的。

位于沿江西路 29 号的粤海关大楼，俗称“大钟楼”，属于近现代重要史迹及代表性建筑。1916 年粤海关大楼建成后，即成为广州城内最高的建筑物，也成为当时广州新型商贸中心区的地标建筑，以及岭南古典复兴风格的代表作。它的建筑风格广受好评，奠定了钟楼作为海关大楼建筑风格的主基调，直接影响了 1924 年落成的武汉江汉关大楼和 1925 年重建、1927 年落成的上海江海关大楼，可谓为一座承前启后的名楼。这也是现存最古老的海关大楼，既继承了西方国家海关建筑的经验，也结合地域情况进行了改良。以此为发端，广州城内其他商贸类建筑，如洋行、邮政、会展类等，都出现了新的气象，促进了广州现代都市的建构。

夜色中，穹隆顶在现代的高楼大厦群中格外醒目。这里的时钟曾作为广州的标准时间参考，24 小时奏乐报时，1 千米范围内都可以听到响彻四方的钟鸣声，是一代广州人的回忆。

中拱券门上刻有“粤海关”三字，见证了珠江百年的历史变迁。如今，这里不仅是广州海关的业务大楼，也是中国海关博物馆广州分馆的所在地，对广州海关历史有兴趣的话不妨前去一看。

▲ 20 世纪 10—20 年代的粤海关大楼、邮政大楼及珠江河面

▶ 广州海关大楼

6. 塔影楼与陈少白

“日日凝妆珠海岸，经年憔悴深闭门。风光如许人何处，厌记江潮涨落痕。”这首诗是辛亥革命志士陈少白所作的《忆塔影楼》。

粤海关大楼的对面，在珠江两岸一众中西结合的建筑中，有一座小洋房以中式屋顶标榜着它的与众不同，它就是广州塔影楼。全楼为墨绿色的四层西式洋房，顶层是中式四檐滴水结构，因晚上倒映至江中犹如灯塔，故名“塔影楼”。

▲ 塔影楼

塔影楼占地面积仅 41 平方米，却是整个沿江西路唯一一座位于道路南侧紧靠江边的建筑物。人们漫步于沿江西路，无不惊诧于这“孤零零”的一栋楼——占据着如此“显著”位置的建筑物肯定“来头不小”。果不其然，塔影楼最早的主人是陈少白。陈少白是广东新会人，是孙中山的追随者，曾担任孙中山领导的广东军政府外交司司长。1912 年 2 月，孙中山辞去临时大总统一职，并提倡兴办实业时，陈少白便辞官来到广州办实业，为孙中山的革命事业提供经费。他开了一家粤航公司，在商场上也显示出其灵活的手腕，1919 年在西堤联兴码头旁建起了这座作为联兴码头事务所及家人住所的楼房。

为何沿江西路只有这一座建筑物呢？原来在 2001 年，塔影楼面临过一次生死存亡的关头。这一年，广州对珠江两岸景观进行大规模整治，当时塔影楼的去留问题曾经引起广泛争议。但在各方尤其是在文化、文物部门的努力下，塔影楼最终被保留下来并开始维护和修缮。在珠江景观工程设计中，广州塔影楼原地保留并被改成观江楼。如今其首层是酒吧，夏夜里小酌一杯，边吹江风边谈心事，岂不美哉。

7. 宜商之地

南方大厦

▲ 1922 年，城外大新公司落成

南方大厦位于沿江西路 49 号，是中国最早的“摩天大楼”。南方大厦的前身是私营的城外大新公司，建成于 1922 年，1938 年在战乱中遭焚毁，1954 年由广州市政府投资修复后命名为“南方大厦”。这座 12 层高的南方大厦是珠江边的标志性建筑之一，就建造时间来看，它比天津最高楼劝业场早 6 年，比上海最高楼沙逊大厦早 7 年。可以说，在当时，南方大厦就是广州最繁华的集购物、娱乐、休闲于一体的地方。

当时来这里消费的都是达官贵人，彼时广州还没有多少辆小汽车，城外大新公司设置了环形的汽车小道，车子可沿楼蜿蜒而上直接开到六楼，再坐电梯上“九重天”进行休闲娱乐。这样的创新之举在今天看来，依然很前卫，令人不得不佩服城外大新公司创始人蔡氏兄弟的远见。

如今，南方大厦的 7—9 楼为酒店，11 楼是酒楼，可以在此品尝美食，遍览珠江两岸景色。

▼ 南方大厦

爱群大酒店

漫步于长堤的街道上，我们依旧可以感受到长堤曾经的辉煌。昔日赫赫有名的爱群大酒店依旧静静伫立在珠江江畔，陈旧掩盖不了它的高贵，却为其更添几分岁月的韵味。爱群大酒店建筑风格独特，外形仿照美国摩天大楼，端庄明净，亦不失简洁、和谐。它曾夺广州建筑物之冠，被当时新闻界誉为“开广州高层建筑之新纪元”，并以设备最新式、最完善、最豪华而著称于全国。在那个时候，爱群大酒店执旅馆业之牛耳，在海内外都有较大的影响，素有“南中国之冠”的美誉，有着如现今“小蛮腰”一般的强大影响力。

▼ 爱群大酒店

▲ 爱群大厦

爱群大厦（又名爱群大酒店）建于1934年年初，是那时整个华南地区最高的建筑物，在1937年至1967年作为“广州第一高楼”的地位保持了整整30年。除此之外，它更是一座典型的骑楼建筑。骑楼是一种近代商住建筑，建筑物底层沿街面后退且留出公共人行空间，是一种典型的外廊式建筑物。爱群大厦寓意为“爱群诸公”努力向上的创造精神，整个大厦在建筑立面上特意强调挺拔的视觉效果。其不仅借鉴了美国创摩天大厦新风格的纽约伍尔沃斯大厦的设计手法，又在哥特式风格中融入了浓浓的岭南建筑风格。上下对齐的竖向长窗、上下贯通的倚柱在阳光照射下形成竖状阴影，使大厦愈显挺拔。而矗立在褐色五棱台形屋顶五个角上的五个白色小尖塔，烘托着直指蓝天的钢筋混凝土旗杆，给人以蒸蒸日上、步步高升之感。

在爱群大厦落成之时，众多军政要员都亲自题词庆祝，更有无数富商名贵前来捧场，致以贺意，简直是“千里逢迎，高朋满座”。那时的“爱群”是显露权力和地位的场所，一般人根本没有机会踏足，甚至连其门下骑楼的连廊，平民百姓都不敢轻易踏入，其地位可见一斑。而到了二十世纪五六十年代，爱群大厦不仅成了广州的特征之一，更是涉外活动高度活跃的场所。昔日广州市市长及相关领导也在此接待过各国尊贵的来宾，也款待过港澳地区的名人志士。

其实，盛极一时的“爱群”也曾于深深雾霭中感到迷茫。“文化大革命”时期，爱群大厦被迫易名为“人民大厦”，度过了一段低落的岁月。服务质量的下降，客人的急剧减少，都对爱群大酒店造成了沉重的打击。但经过岁月洗礼与打磨后仍旧熠熠生辉，才是最经得起考验的，在党的十一届三中全会召开后，爱群大酒店又迎来了属于自己的发展机遇，随着改革开放的不断深入，“爱群”一改旧时沉闷古旧的面貌，焕发出勃勃生机。过去严格的等级界限，也都在改革春风的吹拂下，变得开放与包容。

如今，爱群大厦仍旧饱含历史的底蕴，缓步走在新时代的康庄大道上。如果你想体验别样风情，现仍在运营的爱群大酒店是不错的选择。

永安堂

提起虎标万金油，广州几乎无人不知，因着它是老广州人家家常备的药物。它就是20世纪30年代爱国商人、有“万金油大王”之称的侨领胡文虎于广州永安堂生产和销售的。

胡文虎是著名华侨企业家、报业家、慈善家。1908年他在南洋继承父亲的永安堂中药铺，后来将中药铺发展成为制药企业。他将父亲创制的“玉树神散”改良成为既可外涂又能内服且携带方便的“虎标万金油”，使其成为畅销中国与东南亚各国的“家居旅行必备良药”。

胡文虎虽是福建人，但对广州这块宝地情有独钟。20世纪30年代初，他在广州设立分厂，在珠江边建起永安堂大楼，作为在中国生产与经销万金油的主要场所，所以广州市民俗称此楼为“虎标万金油”。永安堂坐西向东，平面呈方形，正面和侧面均五开间，首层沿街以骑楼建筑形式跨建在人行道上，建筑面积4251平方米，东面为入口大门，明间砌圆形拱门；楼高五层，以上砌五层钟楼，外观分三级收分，最高一层为方钟面，方形四面均设钟，顶部竖旗杆；楼面外墙涂刷水洗石米而人行路面涂刷水磨石米，首层大厅铺大理石地板，大理石柱雄浑简练，楼顶设的大钟远近可见。永安堂大楼是民国时期仅次于爱群大厦的广州第二高楼，在海珠桥上西望，气势恢宏、雄浑简练，此楼的英姿分外夺目。

1950年广东省人民政府接管了胡文虎永安堂产业后，一直为省总工会使用。1994年，广东省人民政府将永安堂产权归还胡文虎之女胡仙。胡仙将其捐献给广州市人民政府用于社会公益事业。双方最终达成一致的意见是将这座大厦建成广州少年儿童图书馆。在2015年，因为其原有建筑面积和条件已不能满足广州当时400多万名少年儿童的阅读需求，广州少年儿童图书馆搬去了中山四路42号。而此处便被筹备实施变为越秀区少儿图书馆。

若你路过此处，钟楼上的“虎标永安堂”五字虽早已被毁，整座六层大楼整体也已经完全褪为黑白二色，但依然能隐隐看出它昔日的恢宏气派，仿佛置身其中便能听见它在对你讲述从民国时期一路走来的经历。

▼ 永安堂旧址

8. 石室圣心大教堂

广州石室圣心大教堂，始建于 1863 年，由于整座教堂由数以十万计的花岗岩建造而成，故俗称“石室”。其东西宽 35 米，南北长 78.69 米，由地面到塔尖高 58.5 米，建筑总面积 2754 平方米，是中国现存最宏伟的双尖塔哥特式建筑之一，也是全球四座全石结构哥特式教堂之一。1996 年，它被列为全国重点文物保护单位。

然而教堂的修建面临着重重困难。其一，教堂的取材花岗岩需要到新安牛头角开采，再用水路运回广州，路途遥远、运费高昂。其二，在当时那个缺乏机械的时代，教堂的建造只能依赖纯手工，靠人工一点一点地“平地起教堂”。其三，东西方建筑技艺差别巨大，没有一个中国工人曾经见过西方大教堂，更不用说有任何建造经验，只能凭借一个简陋的木制模型逐步摸索。其四，中国工人与法国建筑师之间语言不通，沟通不畅也给教堂的建造带来了莫大的困难。这些困难使教堂建造进度极度缓慢。

▲ 19 世纪 70 年代石室圣心大教堂（建设中）及其直对的珠江河段景观

▼ 19 世纪 80 年代石室圣心大教堂（已建成）及其直对的珠江河段景观

▼ 石室圣心大教堂

随着两位法国建筑师由于水土不服相继离开中国，修建教堂的重任便落到了一位国人的肩上——广东揭西的石匠蔡孝。他以一己之力，具体指挥这项重大工程的完成。作为一位经验丰富、技艺高超的建筑工匠，蔡孝巧妙地在建造过程中融入了许多中国传统工艺及材料，改变了教堂修建的困境，最终带领中国工人完成了教堂的建设。

▲ 石室圣心大教堂内部

这座典型的石结构建筑，并未采用当时西方已经相当成熟的水泥砂浆工艺，而是采用了中国最为传统的糯米桐油砌筑，却也达到了基本等同的效果。当细细品味这座教堂时，我们还会发现石室并未采用欧洲绝大多数教堂坐东向西的朝向，而是传承了中国古代建筑坐北朝南的格局，展现出背倚越秀山、面朝珠江水的传统风水格局。

教堂的尖塔顶端与天相接，空心八角锥形的双尖塔直插云霄，表达出信徒渴望靠近天堂聆听上帝福音的真挚愿望。在教堂的塔楼下，有着一扇瑰丽的玫瑰花窗，它的直径有7米之长，窗棂雕刻得细致入微，花窗拼接得也毫无瑕疵。每当阳光洒入窗棂，透过瑰丽的玫瑰花窗照入教堂内，绚烂的光影彰显出无与伦比的美丽。如果再仔细观察，我们便会惊奇地发现教堂大门上的秘密——木质的大门上雕刻着葡萄、梅花等中国传统图案，寓意着富贵平安的美好愿望。

▼ 石室圣心大教堂

教堂建筑中还有一处不得不提的中式设计。在这座教堂的外立面上，比欧洲其他教堂多了一种神奇的雕塑——螭（chī，音同“吃”）首。大家或许对它并不了解，但在我国古代的建筑中，“螭首散水”是一种最为常见的排水装饰。在教堂的外墙上，有着三十个螭首散水，这套非教堂传统的排水系统，将中国建筑艺术与西方哥特式艺术有机结合，别具匠心，充满特色。它将艺术与功能巧妙地结合在一起，既满足了美观艺术的标准，也达到了排水防护的目的。仔细观察，我们将会发现，这些螭首的表情形态各不相同，却又有着自己独特的精气神，也展示了这座圣心大教堂颇高的艺术成就。

走进以拉丁十字布置的教堂，内心深处一种庄重肃穆之感便油然而生。站在幽深而又神秘的内堂，看着一排排木质长椅，脚踩在厚重古朴的大阶砖上，抬起头观赏遵从“天圆地方”宇宙观的穹顶，感受整座教堂的恢宏与大气。

随着时代的车轮轰轰驶去，石室圣心大教堂也经历了战火的洗礼。在那个战火频仍的中国，或者说那个难言和平的世界，没有哪一片土地能逃脱熊熊燃烧的战火，哪怕是受天主庇佑的人间教堂。“七七事变”爆发时，广州成为日本轰炸的目标之一，一开始，坚固的“石室”毫发未伤。然而幸运并不长久，1938 年 8 月，一架日机被中国军队高炮击中，撞毁在教堂前的沧海茶楼，“石室”拿破仑时代的彩色玻璃被震落过半，大时钟也被震停，大教堂失去了自己的一份风采。而至中华人民共和国成立前夕，蒋介石集团溃退南逃，炸毁海珠桥，“石室”的彩色窗玻璃绝大部分被震坏，致使其浑身伤痕累累。

直至改革开放，提倡宗教自由后，教堂的处境才有所改善。在各方人员的努力下，石室逐渐焕发出勃勃生机。

时隔多年，如今当我们再次凝视这座瑰丽的教堂时，我们不只看见了其建筑技艺的精湛、彩色玻璃的华丽，更应看见在它度过的漫长岁月中，中华民族所经历的风雨飘摇的那个时代。世界已然发生了翻天覆地的改变，而圣心大教堂依旧矗立在此，品味着人间百态，目睹着时代的进步与发展。

▶ 石室圣心大教堂

9. 天字码头

建成于清雍正年间，距今有近 300 年历史的天字码头，被称为“广州第一码头”，是广州目前使用时间最长的珠江轮渡码头，它位于越秀区沿江中路及北京路的交界处。

一边是日夜奔流的珠江，一边是车水马龙的沿江路。附近的居民茶余饭后在江边悠然漫步，情侣们在昏黄的路灯下互诉衷肠，船只缓慢驶过江面，圈圈涟漪荡漾出天字码头昔日的画面……

越秀区地方志办公室资料显示，天字码头始建于明代后期。据《大埔县志》记载，在明成化初年（1465 年左右），大埔县三河坝旧寨村有一个名为李寿相的人，他与妻子逃荒来到广州城，在梁家船上当船工。李寿相曾奋身跃入水中，救了一名溺水者，并背他到蓬寮家中取暖。后来溺者自称是省城富商陈家之子，因游江赏月不慎落水。为报救命之恩，陈公子送了李寿相 1200 两银子，李寿相有了这笔巨款，便自购船只，在各码头间奔波经营。数年后，李寿相拥有船只 20 多艘，拥资逾万。他觉得省城珠江岸边没有一个专供装卸货物的大码头，很不方便，于是独资在城南江边建了一个码头，取名“天字码头”。据了解，码头名“天字”，乃源于《千字文》。古人编排号数，多以童蒙之书《千字文》来排序，《千字文》第一句是“天地玄黄，宇宙洪荒”，“天”字排在首位，有“第一”和“最大”的含义。

据了解，当年这个天字码头的旧址并非如今所处位置，因为如今天字码头一带在当年还不是陆地，而是一片珠水。到了清雍正七年（1729 年），官府在此处江岸重建码头，仍名“天字码头”，最初的私人码头也从此成了官府码头。据记载，当时的布政使王士俊在天字码头旁修日近亭，也称“接官亭”，顾名思义，此亭用于接待官员，官员卸任离广州时，也在此亭恭请圣安，然后才下船赶路。因此此码头只供官员使用，而民船不得停泊。

▲ 20 世纪 20 年代末，天字码头的广州花船

作为广州重要的交通码头，天字码头自然少不了历史人物的足迹。据称，1839 年林则徐到达广州查禁鸦片，就在天字码头登岸，此后被皇帝免职离开时亦在此坐船。孙中山从事革命活动，多次途经天字码头，最后也曾在此坐船逃往香港。还有记载称，鲁迅先生当年也曾从天字码头上岸来穗，前往不远处位于高第街的许广平家中。从这些历史故事也可见天字码头的非同一般。

说起来，从古至今，许多的古码头都渐渐消逝，而天字码头依然如淡然的老者屹立于江畔。不仅仅是因为它的地理位置优越，更是因为在 20 世纪 90 年代广州的汽车交通尚未发达畅通的时候，天字码头为珠江两岸居民的出行提供了许多便利。挑着货物的生意人，背着书包的学童，推着自行车的上班族……都在此焦急地等待乘船去对岸。昔日的天字码头上，人们来往匆匆，也免不了和旁边一起等待的人闲聊几句。忙碌的天字码头对广州市民来说不只是一座建筑物，而是集体记忆，更是凝结在心的一个情结。

番外小知识

中大码头：原名“康乐码头”，位于知名学府中山大学北门江边，1952 年改为现名“中大码头”。
西堤码头：位于越秀区长堤大马路南方大厦对出江面，建于 1921 年，是广州最早的机动轮渡码头之一。
太古仓码头：被称为“广州的 798”，见证了广州近百年历史变更，它是广州近、现代对外贸易和港口运输的重要历史遗迹。

10. 千年古道北京路

位于广州市中心的北京路，是广州城建立之初的所在地，它仿佛一个巨人，跨越千年的时光，一步步地走在广州市繁荣的最前端。两千多个春去秋来，北京路岿然不动，其中心城区和中心商业区的地位始终没有改变，日复一日保持着繁荣与昌盛。这份长久不息的盛大，不仅创造了国内建筑史上的一个奇观，也创造了广州的辉煌与灿烂。北京路如同一条龙倚着珠江，吸收珠江的浩荡水气，为广州城带来了千年的富裕。

回溯时光的洪流，我们回到那个经济高度发达的宋朝。那个时候的北京路不过是广州大南门内外一条主街道。在宋灭南汉后，拆去广州城的南城墙，将南城延至江边，建“双阙”。1244 年，建双门楼，自此北京路中段被称作“双门底”，逐渐成为繁荣的商业区。清代，今北京路由北至南依次为承宣直街、双门底、雄镇直街、永清街，以卖书坊、古董市、花市最为著名。

民国时期后，此路又多次更名。在清朝灭亡后，将“永清”改为“永汉”；之后为纪念曾任国民政府首任立法院院长的胡汉民，又将路名更为“汉民路”。而至“文化大革命”期间，为表达广州人民拥护党中央、向往首都北京之意，将路名更为“北京路”，此名也反映了北京路作为广州古城中轴线的地位。

▼ 北京路

北京路经由遗址及考古专家考证，周围有多处历史文化遗址，如秦番禺城遗址、西汉南越王宫署遗址等。跨越十多个朝代的遗址充分体现出北京路于广州城数千年未变的中心地位，行走千年，仍是最初的模样。这种中心地位的奇特现象，在中国乃至整个世界都是极为罕见的，堪称城市发展史上的一大奇观。

在改革开放之后，北京路更汇集了广州百货大厦、新大新公司等市级大百货商店以及一批著名的时装商场。如今，这里仍旧是繁盛的商业街，汇集有大中型百货商场十多座，如太白商场等。同时文化娱乐设施也是极为全面和丰富的，不仅有大型新华书店，还有各具特色的专业书店，包括工具、教育、音乐美术、科技、外文和儿童书店等。而且还有专营文房四宝的“三多轩”（与北京“荣宝斋”、上海“朵云轩”并称为“中国三大文房名庄”），以及古玩店集雅斋，仿佛带人穿越时空，体会古代中国文人骚客的业余之好。娱乐在繁荣的商业街自然是必不可少的，永汉电影院、青年文化宫、长江琴行、艳芳照相馆如百花齐放，各自展现着无限的魅力。服装店更是多种多样，其中最具特色的便是夜晚灯火通明的西湖路中高档服装灯光夜市。西湖路灯光夜市被誉为“南国明珠”，是全国最早开办的夜市。每当夜幕降临，整个夜市灯火辉煌、人流如织、如梦如幻，耳边回响着喧嚣的讲价声，别具一番风情。不过如今灯光夜市已消失，而那场景也永远停留在了广州人的记忆里。

▼ 北京路

2016 年 8 月，北京路文化旅游区正式挂牌为国家 4A 级旅游景区。据悉，这也是广东省首家全开放、全免费的国家级 4A 景区。它位于广州古城中心地带，规划范围为西起教育路、昌兴街，北至中山五路、广卫路（延伸至南越王宫遗址、城隍庙），东至文德路（延伸至万木草堂、东方文德），南至惠福东路、文明路，总面积约为 0.36 平方千米。其中有全国重点文物保护单位 3 处，省级重点文物保护单位 4 处，市级重点文物保护单位 7 处，包含了南越王宫署遗址、南越国木构水闸遗址、千年古道遗址、拱北楼遗址、大佛寺、药洲遗址、城隍庙、万木草堂、庐江书院等多个具有较高历史文化价值的文物古迹。

比如千年古道遗址，在 2002 年 7 月初，北京路步行街在整饰工程路面开挖过程中，出土了大量砂岩石条与古城墙砖。在经过两个多月的抢救性挖掘后，掘出了自南汉以来共五朝 11 层的路面和宋代拱北楼遗址，路面用玻璃加以覆盖保护，这一遗址被称作“千年古道遗址”。走至北京路的中部，看着被玻璃覆盖的古老路面，我们仿佛能从这些古道中感受到曾经的广州城，感受到浓厚的历史底蕴，古代路面及拱北楼遗址使得北京路自古以来作为商业区的文化特色更为显著。

走在北京路上，从千年前开始感受这条街道的繁华，用脚步度量一寸寸不回头的岁月，用足迹去丈量历史的厚度与底蕴，用心体会广州跨越十朝的风华绝代。

▲ 北京路临街建筑立面

11. 大元帅府的革命伟人足迹

大元帅府位于海珠区纺织路，江湾桥脚东边，前身为建于 1907 年的广东士敏土（水泥）厂。孙中山曾三次在广州建立革命政权，其中两次就是以广东士敏土厂的两座办公楼为大本营。

第一次是 1917 年。当时，取代袁世凯的北京段祺瑞政府对外投降日本帝国主义，对内专制独裁，解散了国会。在这个中国民主革命十分危急的关头，孙中山举起护法旗帜，由上海回到广州，召开了国会非常会议，建立中华民国军政府。他当选为中华民国军政府海陆军大元帅，组织发动了护法战争。

军政府的政权机关设在哪里好呢？鉴于当时复杂的政治形势，孙中山选取了广东士敏土厂作为大元帅府。因为它位于广州河南的珠江边，与河北的市区有一河之隔，有利于避开城内滇桂军阀的反动势力，同时，陆上能借助福军司令李福林的武装保卫，北面有忠于孙中山的南下海军驻泊，甚为安全。1917 年 9 月 15 日，孙中山与宋庆龄从东郊黄埔公园搬进大元帅府。但第二年，桂系军阀就操纵非常国会，取消了大元帅制，实际取缔了孙中山的权力。孙中山深感无法在广州立足，只好愤而辞职。就这样，第一次建立的革命政权在反动势力的压迫下夭折。1918 年 5 月 21 日，孙中山离开了他曾寄予厚望的广州，北去上海另谋革命的发展。这一次，孙中山和宋庆龄在大元帅府前后居住了 8 个月。

第二次是 1923 年。这年的 2 月，孙中山在驱逐陈炯明叛军后重返广州，宣布重建陆海军大元帅大本营，仍在广州士敏土厂设立大元帅府。4 月 3 日，孙中山与宋庆龄从东郊农林试验场（即现在的中山一路梅花村一带）的临时住所迁驻到大元帅府。此后两年，孙中山在这个革命大本营里，领导了轰轰烈烈的国民革命运动。他改组了国民党，实行联俄、联共，实现第一次国共合作，建立革命军队，将民主革命推向一个新的阶段。

▲ 面临珠江的大元帅府

1924 年 11 月 13 日，刚过 59 岁生日的孙中山离开大元帅府，抱病北上商谈国是。这一次，孙中山与宋庆龄在大元帅府共度过两年多的时间。

1925 年 3 月 12 日，孙中山在北京病逝。7 月 1 日，中华民国国民政府成立，大元帅府完成了它的使命。现在，大元帅府被国务院定为全国重点文物保护单位。

了解了这段历史，我们将目光转向大元帅府。如今的大元帅府已是一座以全国重点文物保护单位大元帅府旧址为依托建立的遗址性纪念馆。但其实在孙中山先生逝世后，大元帅府也经过了几次变迁。广州解放后，该处先后成为部队和省有关部门的办公用房，并在 1964 年后成为广东省农业机械供应公司办公和居住用房。直到 1998 年 10 月，大元帅府的旧址被移交给广州市文物管理部门进行相关建设，并最终成为今日的大元帅府。

大元帅府由南北两座主体大楼，东西广场和正门等组成。两座大楼与沙面建筑群中的部分建筑颇为相似，既具有极强的西式风格，还具有典型的岭南特色。南北两座大楼以砖、木、石、钢、混凝土建成，属于三层券拱式西式风格建筑，但其中却夹杂着如节竹式排水管、百叶门窗、花瓶式护栏及骑楼等典型的岭南建筑风格，也说得上是中西合璧的建筑了。南北大楼结构坚实，历经 90 多年依然坚固如初。追寻革命伟人的足迹，我们可以想象到，20 世纪 20 年代的一段岁月，孙中山先生都是在这里度过的，在这座元帅府里，他做过许多重要的决定，也定默默构思过崭新的中国蓝图。

步入大元帅府，我们仿佛穿越时空，与孙中山先生同时代，跟随着革命伟人的脚步，亲身经历那段国民革命的艰辛岁月。体会着昔日领袖的烦恼，面临着当时中国纷乱的局面，我们又会做何感想？就让我们跟随革命伟人的足迹，一同走入意义深刻的大元帅府。

12. 港湾广场

在广州市政府的珠江两岸景观整治规划中，大沙头港湾广场是重要一环，包括大沙头地区沿江路以南、江湾桥脚至海印桥之间约 8.7 万平方米用地，建成了集林则徐纪念广场、体育休闲公园、地下停车场、游船码头为一体的市民广场。

一条东西向通道将景观轴线从广场一路延伸到二沙岛，一条南北向景观走廊（大沙头三马路）则联系广场与珠江水。为了能让市民与珠江亲密接触，大沙头港湾广场在珠江岸边设计了若干个亲水平台和台阶通往珠江。同时，广场内部设计了丰富水景和花卉园景，保留原有大树，同时广种树冠浓密的乔木。这个阴凉清爽的广场是市民休憩、观光和亲水的好去处。

如今风景如画的港湾广场曾是广州古城的一道防线，也是中国第一架军用飞机乐士文一号的诞生地，被称为“中国航空事业的摇篮”。后来又从客运码头变成了有名的旧货市场。往日的点滴，都可以在港湾广场里找到线索。

港湾广场上有三尊炮，炮口面向珠江。史记广州有个东炮台，这个地方如今恐怕很少人知道，文献提及的也不多，过去由于东炮台遗址不明，曾有人认为它在海印桥桥北端附近，即大沙头码头的港湾广场上。东炮台的正式名称是东定炮台，又称东水炮台，在广州东城外的东濠涌口，那是个四面环水小岛，周边筑上围墙。炮台安炮三十六

▼ 港湾广场示意图

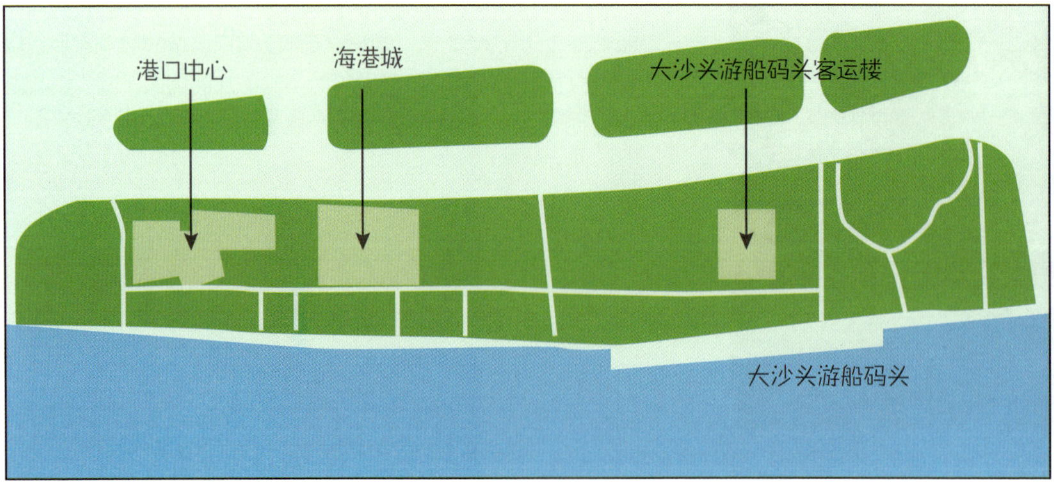

位，以千总一员带兵三十名驻守，它是清政府设在广州城东、用于拱卫省城的主要军事设施，与观音山炮台、西炮台共同构成保护广州的三道防线。1839 年 6 月，在虎门海滩，林则徐指挥了那场震动中外的“虎门销烟”。随即，林则徐又在同年七八月，在省城广州靖海门外的东炮台前，进行了 3 次销毁鸦片和鸦片烟具的运动。而今炮台已毁，虽在这里设置东炮台遗址，但其实据史载这里与东炮台遗址相距达 4 华里（2 千米）之遥。原来孤立珠江中的它早已与北边陆地连成一片，人们也只能从与它有关的多个地标及文献记载来探寻其位置了。

漫步到港湾广场南北景观走廊上时，令人为之惊叹的是，那里放置着 1 ∶ 1 比例的“乐士文一号”飞机模型，以及孙中山、宋庆龄、杨仙逸等名人的雕塑。这是因为，在 20 世纪 20 年代，大沙头是孙中山大元帅府航空局（红楼）的所在地，也是孙中山领导下的中华民国军政府在广州组织研制成功的中国第一架军用飞机——“乐士文一号”的制造场所。

不过，广州解放后，大沙头成了广州的重要客运码头，曾出现万人登陆、熙熙攘攘的热闹景象。到 20 世纪 90 年代以后，该地仓库逐渐被改造为布料市场和二手商品交易市场。“大沙头的变迁可谓广州历史的一个缩影。”当时的港湾广场规划设计工程师何嘉宁称。然而，为建造港湾广场，昔日布料市场和二手商品交易市场的繁华景象只能存留在广州人美好的记忆里。

从军事防线、“中国航空事业的摇篮”、重要客运码头，到繁华的旧货市场，再到市民广场，港湾广场从侧面见证了广州城市建设发展的变迁。

番外小知识

大沙头游船码头：是广州最大的珠江游码头，也是广州人心目中的“水上的白云机场”。

13. 二沙岛的文化和艺术畅想

在珠江的怀抱中，有一颗熠熠生辉的星辰——二沙岛。它的四周江水环绕，岛上景色宜人，犹如广州钢筋森林中唯一的一块绿洲，散发着无限的魅力。

二沙岛是珠江上的一片沙洲，珠江环岛而过，如同一位慈爱的母亲，精心呵护着自己的掌上明珠。二沙岛总面积约 126 万平方米，岛上有着高档住宅小区，也有着艺术气息浓厚的场馆，更有着广阔的茵茵草地，与极具特色的鲜明雕塑，可谓是最具广州现代风情的一方天地。

在二沙岛上，优雅的环境、浓郁的艺术气息使这座小岛显得愈发珍贵。在如今这个脚步匆匆的时代里，快节奏已经成为人们生活的一种本能。匆忙走过的西装革履的男士，脚踩“恨天高”却步履不停的白领女士，他们早已成为大城市中司空见惯的景象。朝九晚五的忙碌工作，时不时的夜晚加班，磨灭了城市居民心中那份渴望艺术、渴望灵魂升华的愿望。而在二沙岛上，静谧的环境，绿草如茵，文化艺术气息扑面而来，一切都是慢下来的。缓缓走在小路上，感受着温暖的阳光洒在身上，恬淡的清风拂过脸颊，耳畔只有鸟儿在快乐地歌唱，这样的慢生活给予置身其中的人充足的时间去体味艺术的快乐，更给予其无限的想象力去尽情畅想。

▼ 二沙岛

广东美术馆

广东美术馆位于二沙岛的烟雨路上，西衔星海音乐厅，北接如茵绿草，南临珠江碧波，是一处适宜放飞心灵的无上净土。

广东美术馆是按照现代化、多功能目标规划建设的当代型美术博物馆，是一个不以营利为目的、为社会和社会发展服务、向公众开放的永久性国家文化事业机构。它具备收藏、研究、陈列展览、教育、交流、服务六大功能。

在美术馆中，共有十三个展览和户外雕塑展示区，可以举行大规模的展览和不同题材的多样化展览，让游人一饱眼福，深刻体会艺术无穷无尽的魅力。美术馆常设陈列展览，以馆藏近现代沿海艺术作品、广东当代美术作品及海外华人美术作品为主要展出内容，陈列展出雕塑、绘画、陶艺作品，让艺术气息得以充分发散，给人们的心灵降下一场甘霖，以荡涤内心的尘土。

广东美术馆拥有着典雅优美的环境和艺术氛围，以及独有的服务项目，能够为社会大众营造一方愉悦轻松的文化休闲场所，给休闲活动注入高尚品位因素，使大众在休闲活动中获得潜移默化的艺术熏染，进入一个全新的境界，在艺术与文化的世界中尽情畅想。

▼ 二沙岛上的广东美术馆

星海音乐厅

星海音乐厅身处风光旖旎的二沙岛，拥有着檐角高翘、造型奇特的外观，如一只江边展翅欲飞的天鹅，又如一架撑起琴盖的三角钢琴，在蓝天白云绿草的映衬下，显得高贵而又神秘，形成一道瑰丽的风景线。

星海音乐厅拥有 1500 座交响乐大厅，460 座室内乐厅。交响乐大厅便是其主体音乐厅，也是目前国内最大的纯自然声演奏厅，其声学指标是根据国际上“顶级”音乐厅所具有的音质参数，并结合该厅的规模设计的；观众席呈山谷梯田型，设有堂座、厢座、楼座和廊座共 1500 个座位，每一个座位，虽然与舞台有着不同角度，但收到的音频基本是均匀的，为的便是给听众最优质的听觉效果。在主体音乐厅舞台的正上方，装有从捷克引进的中国乃至亚洲目前最大的巨型管风琴。这个管风琴重 40 吨、宽 14 米、高 9 米、深 5 米，足足相当于一座三层楼房的高度；其拥有近 7000 根乐管，既有金属管，也有木制管，其中最大的可容一个成年人钻过，而最小的，却是比筷子还细小。它的演奏效果相当于一支大型交响乐队，享有“乐器之王”的美誉。

在主体音乐厅的东侧，还有着一个文化广场，其中包含著名音乐家冼星海的雕像、音乐喷泉和极具特色的水上音乐舞台，是一个举行群众音乐会的优良场地，亦是居民散步放松的一大去处。北广场的中心是一个刻有青龙、白虎等图案的梯形平台，寓意汉文化的形成。而南广场地面上则砌成巨大弧形图案，像风帆，亦像收紧的渔网，在灯光的闪烁间，赋予它“渔歌唱晚”的优美意境。

在这样一个充满着艺术气息的音乐厅，若是有幸聆听一曲交响乐，那将会是一段非常美好的时光啊。

▲ 星海音乐厅

广东华侨博物馆

与星海音乐厅相邻的便是广东华侨博物馆。广东华侨博物馆隶属于广东省政府侨办，以服务国家、服务侨胞、服务社会为己任，集收藏、展示、研究、交流华侨华人历史文化和侨乡文化为一体，是彰显华侨华人对祖（籍）国、家乡和居住国（地）的贡献，展示华侨华人历史文化，弘扬侨胞爱国民族精神，促进文化交流，传承中华文化的爱国主义教育基地，是维系华侨华人与广东和家乡的纽带和桥梁。

在广东华侨博物馆中，有许多珍贵的藏品都是海外侨胞捐赠而来。这些藏品不仅仅代表着历史，更代表着海外侨胞对祖国母亲的一片爱意。尽管有些藏品可能微不足道，但是它们却饱含着华侨沉甸甸的爱国之情，感情的深沉比藏品的贵重与否要重要得多。一颗赤子之心的珍贵，没有什么能够与之相比。

广东华侨博物馆其实就是一位位侨胞捧起的真心，更是无数真切爱国之情最有力的汇聚。

在二沙岛上，广东美术馆、广东华侨博物馆与星海音乐厅形成了一道独特的文化景观，三者构造了一方艺术家的天地，任我们在其中无忧无虑、无所顾忌地畅想，畅想文化，畅想艺术，畅想这世上最美好的一切。我们放慢脚步，用心体会那日常点滴中的快乐；我们收敛声音，用宁静去聆听自己内心最深处的声音；我们渐渐平和，用恬淡的心态面对最强烈的悲伤；我们默默积极，用最大化的喜悦体会人间的点滴幸福。

在这里，在风光旖旎秀丽的二沙岛上，梦作舟，艺术为帆，文化为桨，让我们一同遨游在畅想的天空中。

▲ 广东华侨博物馆

14. 一文一武两学校

广州有孙中山创办的一文一武两所学校，一所叫中山大学（简称“中大”），一所叫黄埔军校。

在历史悠久的中山大学校本部骑着单车，道路两旁一座座红砖绿瓦的建筑安然挺立，这些两三层的小楼房在参天巨木的掩映下布局规整、大气低调，民国范儿十足。永芳堂和马丁堂前充满生机的大草坪则时常举办闻名遐迩的“中大草坪音乐会”，演唱者上至哲学系的教授、下至大一刚入学的学生，气氛热烈，风格不拘。孙中山像以及由他亲自定下的“博学 审问 慎思 明辨 笃行”的校训标志都矗立在校园的中轴线上，孙中山坚定从容的表情时刻提醒着学子们——“振兴中华，永志勿忘”。

▼ 中山大学

▲ 中大乙丑进士牌坊

◀ 中大校区

▶ 黄埔军官学校训词

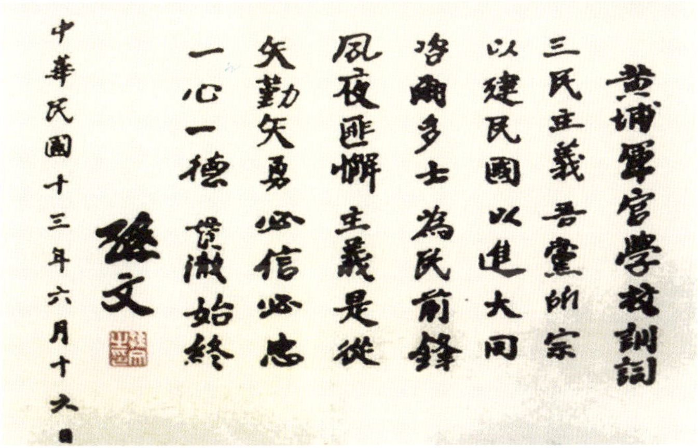

说起一座城市的发达与否，自然少不了观察这个城市是否拥有一座优秀的大学。于北京而言，说的是清华北大；于天津而言，说的是百年南开；于上海而言，说的是上交同济；而于广州而言，说的自然便是中山大学。

中山大学如其名字所示，由孙中山先生创办，是一所有着百年办学传统的优质高校，隶属于国家 985、211 工程。来到广州，不妨前往中山大学北门广场，去领略其曾经的风采。

中山大学北门广场位于中山大学北大门前（北方），毗邻珠江江边，占地 1.7 万平方米。由中山大学牌坊、中山大学校徽、中山大学校训及校史等部分组成，在其牌坊上为孙中山先生亲手所书“国立中山大学”六个字。该广场既凸显了广州作为历史名城的风范，又保持了中山大学临江的特点，守护了中大的精神和传统。

而提起黄埔军校，几乎无人不知无人不晓，无论是那个战火纷飞、面对列强侵占的飘摇年代，抑或是如今这个发展神速的崭新时代，黄埔军校仍旧声名赫赫，从未被人们遗忘。

黄埔军校位于广州黄埔长洲岛，一个四面环江、环境幽静的岛屿。岛屿上筑有多架炮台，与隔江的鱼珠炮台、沙路炮台形成三足鼎立局面，易守难攻，成为建校地的最佳之选。而幽静的环境也有利于形成良好的学习氛围。加之孙中山先生曾多次登上长洲岛进行视察，对环境颇为熟悉，以及校舍的建筑可由岛上原有学堂进行修葺后使用，节省一批资金，于是闻名于世的黄埔军校最终落户于此。

黄埔军校是大革命时期孙中山在中国共产党和苏联的帮助下建立的一所新型军事学校。孙中山先生以“创造革命军，来挽救中国的危亡”为办校宗旨，旨在培养能人志士救国家于危急存亡之时，以“亲爱精诚”为校训，学习苏联的先进建军经验，培养革命的军事人才。黄埔军校群英荟萃，名将辈出，在中国近代史和军事史上具有重要意义。它所培养出的一批又一批陆军军官、优秀将领，带领中国军人成功守卫国家，以血肉之躯铸就了祖国一道坚不可摧的城墙，也成为一所成就有目共睹的优秀军校。该军校在黄埔办到第七期，于 1930 年迁往南京。至 1938 年，军校校本部被日军炸毁。1988 年旧址被定为国家级文物保护单位。

▲ 黄埔军校大门

▲ 黄埔军校校园

▼ 黄埔军校校训

15. 珠江新城写出新广州

踏入珠江新城，难以用语言来描述眼前所看到的场景——高楼大厦鳞次栉比，玻璃建筑比比皆是，造型独特的建筑紧抓眼球。一切都截然不同于老广州的一丝一毫。每至夜幕降临，珠江新城各处灯火辉煌，似乎所有的建筑都换上了一身华丽的服装，准备去参加夜晚盛大的宴会。

城市的光影如同电影中的场景，我们仿佛来到了并不遥远的未来，钢筋森林的科技感，灯光所营造的迷幻，令人如坠梦境。盛大而又繁华的广州城，在珠江新城这里，揭开了眼前的薄纱，露出了最为璀璨夺目的一双明眸。

珠江新城地理位置优越，位居天河、越秀及海珠三区的交接处。东起华南快速干线，西至广州大道，南临茫茫珠江，北达黄埔大道。珠江新城地处如今最繁荣的天河北商务区的南面，承接繁荣浓厚的商务氛围，浑然成为一条新的城市中轴线，连接西边毗邻的传统商务区域越秀区和待发展的东部区域，贯通隔江相对的南部组团，区位得天独厚。珠江新城总规划用地面积 6.19 平方千米，核心地区约 1 平方千米，商建面积约 450 万平方米。

▼ 珠江新城

珠江新城是广州天河 CBD（中央商务区）的主要组成部分。天河 CBD 是国务院批准的三大国家级中央商务区之一（其他两大商务区分别为北京 CBD 与上海陆家嘴 CBD）。珠江新城主要服务于珠三角经济圈，是华南地区最大的 CBD，更是唯一的世界商务区联盟成员、粤港澳服务贸易自由化示范基地。华南地区经济和金融、科技、商务等高端产业高度集聚于如未来城市的珠江新城。

珠江新城经历十年的准备，最终如同凤凰涅槃，浴火而生。这只飞舞的凤凰彰显了广州作为中国三大城市之一的特殊地位。把广州从省会城市推向影响整个中国南方的现代大都会，其社会经济文化辐射力直指东南亚，其实力可见一斑。

珠江新城高度凝集了人类的智慧，整座城市都是智慧结晶加以精心雕刻的成果。一座座高楼大厦井然有序，在众多摩天建筑之间，还有珠江公园和花城广场两个精致美丽的公园。至臻至美的建筑令珠江新城的每一寸土地都散发着璀璨夺目的光芒。在珠江新城里，建筑沿着花城汇中心线搭配衬托十分有序。路两边高耸入云的广州塔、风景优美的亚运公园、有着厚重底蕴的广东省博物馆、瑰丽的广州大剧院、广州图书馆、广州少年宫、高德置地广场、广东省农业银行、珠江城大厦等静静伫立，每一幢建筑都是人类建筑的顶尖制作，闪耀着智慧的光芒。

花城广场

珠江新城里多的是高楼大厦，仿若古巴比伦的空中花园，直冲云霄。在高楼林立的珠江新城，若想看到广州的天际线，最好的选择便是花城广场。

花城广场是广州市最大的广场，有着“城市客厅”的美称，2010 年 10 月 25 日起全面向市民开放。数百棵古树如同坚定的骑士，守护着两千米长的步行木栈道。

广州国际灯光节从 2011 年起，每年年底在花城广场举办，与法国、悉尼的灯光节并列为世界三大灯光节。2015 年，联合国教科文组织把广州国际灯光节选入 2015 年“国际光年”大型文化活动，并在“国际光年”官网做出了特别推荐。花城广场灯光音乐会在每年春节期间举办，以广州塔为中心，珠江两岸和新中轴线夜景为背景，联动花城广场现场音乐，上演大型城市灯光表演，打造节日视觉盛宴。

花城汇是花城广场的核心组成部分，亦是广州珠江新城商业区的新地标。花城汇位于花城广场东北角，具有不可复制的地段优势，衔接串联天河商圈和珠江新城商圈。花城汇总建筑面积约 50 万平方米，15 万平方米商业空间。每个区域都有其独特经营特色，汇聚全国乃至世界各地高档零售、餐饮、娱乐、艺术与文化于一体。花城汇由三个核心区域组成，汇聚近 400 家优质商铺：一区主题是“潮流服饰与娱乐”，主要经营本地及日本、韩国等的潮流休闲品牌；二区主打“时尚生活”，环境舒适休闲，汇聚国际及本土品牌的时尚服饰、化妆品等及特色餐厅；三区以“华丽典雅”为主调，云集高端的品牌服饰、珠宝首饰及富有格调的餐厅。除此之外，花城汇还举办充满国际色彩的主题活动，包括“爱在花城”花城汇时尚派对、新年倒数庆典等。通过国际化的营运方式，结合广州本土的元素，将花城汇打造成融汇中西元素的购物娱乐中心。

▶ 花城汇

▲ 广州图书馆

广州图书馆

广州图书馆依照“美丽书籍”方案进行设计，外观上强烈的几何感，营造出书本层层堆叠的形态。走入了图书馆，我们就走入了这座“书山”的内部。书是人类进步的阶梯，我们进入图书馆，便进入了知识的海洋，可以在无边无际的书本中尽情遨游。图书馆与花城广场仅由一层玻璃隔开，设计师利用透明的玻璃表达对岭南文化开放、兼收并蓄、善于包容等特色的呼应和展现。

在知识大爆炸的如今，人们愈发需要一个安静的地方来抚慰脆弱的内心。而图书馆无疑是个好去处，翻开一本书摊在膝上，追随作者的脚步进入一个又一个独一无二的世界。

漫游在广州图书馆这本“书”中，让心灵与书籍展开一次深度的交谈。

广东省博物馆

广东省博物馆的设计理念来自广东的传统工艺品——象牙球。球上细微雕刻的花纹变成凹凸起伏的纹路落在博物馆的馆身上，方正的盒子如同一个精致的容器，里面载满了历史凝成的明珠。

整幢建筑中，多个展览厅漂浮于中庭上空，走廊与中庭之间有着隔板作为隔断，延续了“宝盒”中的透雕构思，使建筑愈发玲珑精致，果真如同象牙球般剔透。博物馆的空间组织就像象牙球镂空的工艺，内部功能层层相扣，展厅、回廊、中庭与整体结构紧密结合，由内向外逐层展开，别具一格。

广东省博物馆中最为著名的漆器、木雕都是中原文化与岭南文化交融的产物，显得别有一番风味。博物馆内设有历史文化、自然资源、木雕艺术、馆藏陶瓷等多个展览，展现了岭南历史发展的轨迹，也放大了其中的一些小细节，显得细致而又包罗万象。

珠江新城还有许许多多的“宝藏建筑”值得人们一一探索和体验，有宛如灵石璀璨的广州大剧院，具有春夏秋冬四个广场的高德置地，等等。

等到夜幕降临，珠江新城摇身变为一座璀璨之城。处处灯光令人迷醉，颓唐的色彩在这里富有截然不同的寓意，先进与超前，却也如同一杯香冽的清酒，令人沉醉不知归。

走在珠江新城，感受一份超乎寻常的兴盛与繁荣，感受一份与历史底蕴截然相反的发达与前卫。

▼ 广东省博物馆

16. 海心沙，海之央

在珠江这条碧绿色的绸带上，镶嵌着一颗美丽的珍珠，它光洁圆润、细致无暇。它就是珠江上的江心沙洲——海心沙。海心沙作为珠江仅有的几个小岛之一，显得尤为珍贵。它一早便被定义为一座生态与休闲结合的小岛，岛上处处体现舒适、闲逸的风格。

海心沙也是广州城的一个交点，东西方向是珠江上见证广州两千多年古城风雨的历史轴线，而南北向则是广州面向未来发展的南北向新城市中轴线。自海心沙向北延伸，是西塔、广东省博物馆等广州新标志性建筑，而一直向北是 2010 年亚运会的主会场天河体育中心，犹如一个高脚的奖杯矗立在北方。这座小岛宛如珠江江水环绕的一颗璀璨明珠，在时代的打磨下越发显得光彩夺目。

前往海心沙，从广州塔乘坐 APM 是一个不错的选择。APM 列车如同二次元世界中的时光隧道，洋溢着浓浓的可爱气息。这趟列车以蓝色作为主色调，车厢内部绘有各式各样的卡通人物，是拍照留念、抢占朋友圈中心的有力武器。

▼ 海心沙

◀ 海心沙体育馆

海心沙便是 APM 到达的第一站，走出站台，眼前便豁然开朗。众多广州地标性建筑在海心沙一览无余，广州塔静立在珠江江畔，不远处的海心沙剧场映入眼帘，一切都是恬静而又美好的样子，水气裹挟着自然的风，令人感到舒服惬意。

周末时岛上人流稀少，仿若与世隔绝的无人之境，但是它却又充满着时代气息。2019 年年初，园博会在这里举行，海心沙公园置身花海之中，大片大片的木棉、宫粉紫荆、桃花、玉堂春、波斯菊、油菜花、风铃木、兰花引人入胜。在这里，花海花境并不是单独展出，而是以立体花坛、园林小场景等方式进行展示，使园林展富有生机与活力。观整个展览，行走在海心沙锦桥之上，近看两旁花团锦簇，远眺尽享花城盛景，恍如仙境，令人流连忘返。

在海心沙，曾举行 2010 年亚运会的开幕式及闭幕式。在北京奥运会取得巨大成功的前提下，广州亚运会只有创新这唯一一个选择。于是广州决定来一次具有革命性突破的仪式。亚运会的水上开幕式以珠江为舞台，以城市为背景，打破了以往在城市场馆举行的封闭式开幕式，以开放的怀抱去拥抱这个崭新的时代。

海心沙位于珠江江中，如同一架帆船，以此作为亚运会开幕场所，也寓意着广州、中国扬帆起航，走向世界；更寓意着岭南文化、中国文化、亚洲文化同样可以劈波斩浪，向着新时代前进。

▼ 海心沙

17. 人人都爱“小蛮腰”

广州塔也叫“广州新电视塔”，又因为建筑中部纤细仿佛少女腰肢而被称为“小蛮腰”。它位于广州市海珠区赤岗塔附近。“小蛮腰”在珠江南岸，与超现代化的珠江新城、“城市客厅”花城广场以及美丽的海心沙岛隔江相望。广州城的地标齐聚一堂，微风拂过，好像能听到它们的轻声细语，或许是在向我们将广州的繁华娓娓道来。

作为中国第一高塔，广州塔塔身主体高 454 米，天线桅杆高 146 米，总高度 600 米，为世界第三高塔，是国家著名 4A 级旅游景区，也是“羊城新八景”之一。纵观历史上的高塔建筑，人们的印象一直停留在宏伟壮观、棱角分明的观感上，以及“下宽上窄”的设计结构上。因此，广州塔清新脱俗的造型，一面世就吸引了全世界的眼光。广州塔的原型是一位身材苗条修长的女性，而这样独特的灵感却来源人体的髋骨。设计师马克 · 海默尔为了塑造女性苗条的曲线，把一些弹性橡皮绳绑在两个椭圆形的木盘之间，模拟三维立体造型。当旋转顶部椭圆至 45 度的时候，一个奇妙的麻花形状便出现了。这个犹如扭腰回眸的窈窕淑女形象，便是广州塔的雏形。

广州塔“纤细”的腰肢中其实还隐藏着丰富多样的休闲娱乐项目，等待着我们前去掀起它神秘的面纱。

▼ 广州中心——“小蛮腰”

在直通天际的广州塔中，当然少不了与高空有关的游览项目了。广州塔以其独特的建筑造型与世界新高度，创造了三项吉尼斯世界纪录：488 摄影观景平台——“Highest Observation Deck 世界最高户外观景平台”、极速云霄游乐项目——“Highest Thrill Ride 世界最高惊险之旅”、璇玑地中海自助旋转餐厅——“Highest Revolving Restaurant in a Building 建筑物中最高旋转餐厅”。所以，不要认为“小蛮腰”只有曼妙的腰肢，这里还有众多的高空项目值得来体验。

登上万丈高的广州塔，我们从高空俯瞰整座城市，从渺小中体会到伟大，从高空中体会到踏实，我们从一切不寻常中，为自己开启一片新的天地。

▼ 夜晚的“小蛮腰”

18. 琶洲展馆

绿绸般的珠江上，有一把仙女遗落的琵琶，静静地浮在水上，随着珠江的波涛上下起伏，它就是琶洲岛。

琶洲因古时形似琵琶而得名“琵琶洲”，之后又称为“琶洲”。因着琶洲位于珠江要道，它还有“会城水口”的美誉。而如今，亚洲最大的现代化展览中心——中国进出口商品交易会展馆（简称“广交会”展馆）落座于中国广州琶洲岛，将人性理念、绿色生态与高科技、智能化完美结合，如同璀璨的明珠闪亮于世界。1957 年，第一届广交会在广州鸣锣开展，写下了中国会展经济史的第一笔。发展到现在，广交会每年春、秋两季举办，是中国目前历史最长、层次最高、规模最大的国际贸易盛会。而广交会展馆便是目前亚洲最大的会展中心以及世界第二大会展中心，仅次于德国的汉诺威展览中心。此时的琶洲，因展馆而闪耀于亚洲，更因展览闻名于世界。

如今我们听闻琶洲，总是与各式各样的会展息息相关。琶洲如同一个水晶展台，璀璨夺目，吸引着各种会展来此举办。琶洲展馆是目前亚洲规模最大、设施最先进、档次最高的场馆，能满足大型国际级商品交易会、大型贸易展览等需要，是一个多功能、综合性、高标准的国际展览中心。展馆规模世界第三。先进的场馆吸引着无数展商前来办展。在此办展，不仅能吸引大批观展人员，更能彰显展览的品位和档次。

▼ 琶洲展馆

琶洲展馆同样充满时代感和科技感。时代的进步、科技的创新为展馆更添几分光彩。作为高科技、智能化、生态化完美结合的现代化建筑，琶洲展馆按照国家 5A 智能化建筑标准进行设计。在建设中大量应用国际高新科技，科技如同繁星点缀在展馆各处，并且智能、通风、交通系统均体现了世界先进水平，层高、地面负荷、电力供应等均可满足大型机械展、帆船展等各种对展馆条件要求苛刻的展览的要求。琶洲展馆是不可多得的现代展览之光。

展馆外形飘逸，如同一片随风舞动的书页，展现着青春与活力。从高处俯瞰，展馆如同碧蓝天空中的一朵白云，轻盈而又柔软，展现着灵动的魅力。自东侧而观，琶洲展馆又如同一尾鲤鱼，奋起直越在珠江南岸旁，像飞速发展的广州城，在不断腾跃，鲤鱼跳龙门般迎来步步发展。会展中心的屋顶有着波浪般的起伏，与不远处的珠江遥相呼应，尽显水的灵动和珠江的飘逸。从场馆“飘”的显著特点中，我们不难找出场馆的设计理念，珠江当然是其重要的设计感来源——灵动的珠江要有飘扬的音符。其实其飘逸与线条的设计，与广州奥林匹克中心的设计也颇有几分相似。远远望去，琶洲展馆如同一道波浪掩藏在滚滚珠江水中。

展馆建筑总面积 70 万平方米，单个展厅面积均在 1 万平方米左右，且各馆门面设计合理，一、二层的 13 个展厅各有开阔的门面，多个展览可同时举办，互不干扰。展厅无柱空间大，利用率高，特装效果特别好。琶洲展馆还创下两项“世界第一”：单体展馆面积最大——39.5 万平方米；钢桁架跨度世界最长——每个展厅的顶部由 6 个长达 126.6 米的大跨度预应力张弦梁钢管桁架支撑着。由此观之，琶洲展馆的宏伟可见一斑。

看着这些数字，眼前仿佛建构了一座宏伟的建筑，我们很难想象这样丰富巨大的建筑是怎样充满美感与现代化气息的。但琶洲展馆做到了，它不仅是个高标准现代化的巨大会展中心，是全世界最大的展馆，还是盛开在珠江江畔的一朵美丽的浪花，富有诗意，又畅想着美好。

▼ 俯瞰琶洲展馆

19. 琶醍新生活

当你念对了“琶醍”二字，会发现，广州的夜幕缓缓降临，一场场“Party”在磨碟沙大街悄悄上演。

琶醍作为年轻人的狂欢圣地，自然少不了“酒”。原来，琶醍的全称是“珠江琶醍啤酒文化创意艺术区”，它以珠江—英博国际啤酒博物馆为依托，在磨碟沙隧道顶部及沿江区域打造臻具现代格调的啤酒文化艺术平台及高端餐饮休闲娱乐地带。你可能无法想象，你所身处的地方，其前身其实是工业年代的货运码头，而现在你所看到的，是一线江景中来往的游艇、观光游船。这里经常举办规模盛大的国际啤酒节、狂欢节、美食节等，甚至，它也可用于私人高端的露天酒吧聚会。

年轻人们不仅着迷于琶醍夜晚灯光璀璨的酒吧街，更会在珠江—英博国际啤酒博物馆流连忘返。珠江—英博国际啤酒博物馆位于广州市海珠区新港东路磨碟沙大街 118 号，于 2004 年 11 月 24 日奠基，2008 年底落成，是一座具观赏性、娱乐性、教育性、艺术性、开

▼ 琶醍酒吧街

放性为一体的国际化啤酒文化展示场所。然而，它的前身是广州珠江啤酒厂。如果你在那里随便问一个 80 后他人生中喝的第一瓶啤酒的牌子，他会告诉你："我喝过的第一瓶啤酒就是珠啤。"因此，若要细数广州 20 世纪 80 年代的回忆，广州珠江啤酒厂算一个。在这个啤酒博物馆里，你既可看到其系统展示珠啤集团、英博集团和国际啤酒发展史，领略珠江啤酒的独特魅力，品尝新鲜啤酒和购买精美的纪念品；又可以啤酒博物馆为起点，通过参观走廊延伸至珠啤整个厂区，参观整齐雄伟的发酵罐群、快速穿梭的灌装线、绿草如茵的厂容厂貌等工业景观，领略珠江啤酒朝气蓬勃的气氛和深厚的文化底蕴。

等你走过了无数个"Party"，想坐在江边小酌一杯，伴着江风吃一顿惬意的晚饭，看对岸珠江新城华灯初上，有轨电车琶醍站会给你全新的独特体验。与其他站台的设计有所不同，琶醍站铺设的站台框架并非呈圆拱形，而是建成一段数百米长的方形半透明隧道，旁边都是 2 米多高的落地玻璃，一边面对的是临江一线的景色，另一侧紧邻琶醍艺术区的各种特色餐饮商户，最近的餐饮食位或咖啡、茶位等距离站台只有两三米的距离。这个透明隧道的顶盖长近 300 米、宽 12—15 米，上面全部铺上了木板，成为一个开阔的观景平台。2015 年琶醍站开通后，市民从站台背面（琶醍艺术区 A 区）的楼梯即可登上观景台尽览广州最美江景，欣赏珠江新城、猎德大桥的日出日落。

20. 黄埔古港，丝路之港

见证了广州海上丝绸之路繁荣的黄埔古港位于广州海珠区石基村，北临新港东路，南隔黄埔涌与仑头相望，西临东环高速公路，东隔珠江与长洲、深井相望。自宋代以后，黄埔村长期在海外贸易中扮演重要角色。南宋时此地已是“海舶所集之地”。

▲ 黄埔古港牌坊

如今的黄埔古港地区分为四个功能区，即纪念展示区、古港公园区、栈道餐饮区及村头广场区，是集展示、传播、娱乐、休闲于一体的“文化公园型景区”。其中纪念展示区由黄埔税馆、永靖营（兵营）、买办馆、夷务所和展示街组成。黄埔税馆是整个建筑群中的重点。兵营处设有营房、瞭望台、兵器架等。

走在岁月的栈道上，我们向前回溯古港悠长的历史。由西边的公路走入黄埔古港古村落，首先映入眼帘的便是一座高耸的现代化牌坊，金碧辉煌，挺拔伫立在村落的入口，上书“凰洲”二字，与之相对的，在紧靠珠江支流的村南也有一座类似的牌坊，而那上面写的是“凤浦”。相传在古时，曾有一对凤凰飞临此地，自凤凰来过后，村落就人丁兴旺、五谷丰登。又因着该村地处一小岛水边地区称作“浦”，而水中的陆地又称为“洲”，所以便将村名取为“凰洲”或“凤浦”，而后随着时间的推移才演变成如今的“黄埔”之名。随后为了迎接仿古船瑞典“哥德堡号”来访而重建。

▼ 黄埔古港古村落

历史上，“哥德堡号”商船由瑞典东印度公司于1738年建造，曾经三次抵达广州，航行海上丝绸之路。在1745年9月12日“哥德堡号”装载着中国的瓷器、丝绸、茶叶等货物，踏上第三次中国之行返程时，遭遇暴风雨袭击，不幸沉没。相传当时从沉没的“哥德堡号”船上打捞出来的货物除去船的损失以及打捞工程的费用还能有利润，可见当时中国海上丝绸之路的空前繁盛。

黄埔古港原称“酱园码头”，现在岸边仍保留一条“海傍街”。从前紧靠码头的是一个繁闹的集市，商铺林立，商客如织。直至今日，村民在建房时，还不时挖出当时的木桩和桩基。附近也散落着大量的石碑和外国海员、商人的墓碑，并有多种文字的碑文，这些墓碑的存在即证明了曾有很多外来商人来此经商。在“一口通商”时代，商人们不是简单地一来就走，有些人还长时间留在这里经商，才使得有部分商人在这里去世后葬在这里而形成大量的墓碑和许多文字的碑文。据相关教授称，瑞典船长史凯尔的三位先人应该就是长眠在这里。这座港口迎来送往，在兴盛的时代，迎来一批批前来经商的人们，又在时光的流逝中，送走了一批批老去的昔日商人。这些各式墓碑，在多年后见证了一个人的存在，也见证了他的离去。

如今的黄埔古港多了几分历经岁月沉淀后的沧桑。曾经历过无上繁华的它，脱下了珠翠华服，换上了朴素的衣装，洗尽铅华，如今只是一位亭亭淑女，静静地站在珠江水旁。

▼ 黄埔古港

21. 国际慢岛长洲岛

我们看遍了广州最为热闹兴盛、妖娆美丽的一面，却甚少见到它不施粉黛、平平淡淡的模样，而长洲岛就是广州这样恬淡的一角。

在广州城的东缘，黄浦江区的珠江上，一座岛屿四周江水环绕，如同抱在妈妈怀中的孩子，安静而又美好。长洲岛因形状狭长而得名，亦因身处黄埔也称为“黄埔岛”。在形成之初，长洲岛是珠江口内的岛屿，而后由珠江泥沙冲积而成，其组成多为花岗岩，整座岛屿山岗较多，坚固而又有力。

身处长洲岛上，如同置身于一片与世隔绝的桃花源。城市的热闹喧嚣从未接近这座江心岛，人潮涌动、车水马龙的景象都被珠江阻隔在了江畔。长洲岛质朴、简单的慢节奏使其成为钢筋森林城市中一片难得的绿洲。漫步在岛屿上，古迹遍布在岛屿的大大小小角落，深厚浓郁的文化底蕴，为这个素面朝天的姑娘略施粉黛，淡淡的岁月气息萦绕在鼻尖，为这桃源增添些许魅力。丰富的旅游资源为长洲带来了勃勃生机，由孙中山先生创办的闻名遐迩的黄埔军校使这里成为令世人瞩目的地方和广州的旅游胜地。

翻阅历史的典籍，跟随时代的车轮，我们前去追寻长洲岛留下的印记。在鸦片战争时期，英国人最先强迫清政府割让的就是广州的长洲岛，但遭到当时番禺十三乡人民的抗议才得以保住。由于长洲、深井一带水深、港阔，这里曾经是中国对外贸易的重要海港，清朝粤海关黄埔分关设在这里，当年商贾云集，盛极一时。岛上所修建的柯拜船坞是中国最早的外商投资企业，也是中国近代造船业的开端。

▼ 长洲岛上古村

筑起的高墙，又深又窄的小巷，脚下被苔藓装扮的石板路，处处都是泛旧的模样，如同老照片中的场景浮现眼前，如梦如幻。走到岛边，建于 1986 年的深井码头仍在使用中，陆陆续续有船只从这里起航，或是停泊在这个经历沧桑的老码头。

当你感叹于眼前所看到的场景，缓慢的时光、旧时的模样，犹如一场酣畅的美梦。这里居民的质朴也同样令人动容，历经数年，渡轮依旧是岛上居民最常见的出行方式，虽然缓慢，却仿佛令时光的流逝更加细腻。

黄船八街二十三巷是一条很难找到的小巷，作为一个隐秘的网红打卡地，找到它可不是什么易事。纵横交错的小岛将黄船八街的踪影藏得难以发觉，要想去往这条小巷，一定要询问岛上居民，请他们为你指明道路。黄船八街是几十年来造船厂员工居住的地方，他们用造船剩下的油漆，将门和窗涂上各种颜色，用色彩描绘自己的生活。在色彩斑斓中，满满都是对生活的热忱；在五彩缤纷中，满满都是对幸福的渴望。

有人说，长洲岛与厦门鼓浪屿十分相似。其实不然，在长洲岛，一切似乎都更接地气，更加具有烟火气，赤着脚坐在老旧的码头，看着一轮落日渐渐黯淡于远处的江边，耳边时不时响起的渡轮汽笛声，这才是最真实的长洲岛，悠闲却又充满了浓浓的生活气息。

如果想要慢下生活的步伐，长洲岛一定是最佳的去处。

▼ 长洲岛 • 河上游船

22. 未来之港，南沙母港

黄山鲁森林公园、天后宫、虎门炮台遗址、百万葵园成为南沙区著名的旅游景点，南沙湿地游览区里的“湿地晚唱”还入选了“羊城新八景”。南沙的旅游资源丰富，近年来更是倚靠其天然的优势不断开拓海外航线，2011 年广州南沙区当地政府还与霍英东集团斥巨资开发了高端项目——南沙游艇会。而南沙港区，正带着南沙和广州飞速驶入中国乃至世界人们的视野。

南沙港区位于珠江三角洲中心，是广佛经济圈和珠三角西翼城市通向海洋的必由之路，方圆 100 千米内覆盖整个珠三角城市群。它是连接珠三角两岸城市群的枢纽性节点，也是广州市城市空间发展战略中“南拓”的一个重要组成部分，是广州市未来重点发展的“三大港”（即深水港、航空港、信息港）中的深水港，更是广州市未来重点建设的“四个物流中心”之一。可见，南沙港区在广州港的发展中越来越不可或缺。

提到南沙港区，不得不提的是南沙国际邮轮母港。在广东自贸试验区的南沙新区片区，有一座体量达 67 万方的综合体傲然屹立。这一座规划岸线 1600 米，年通过能力达 75 万人次，可以停靠世界上最大的豪华邮轮的“扬帆之地”，将助力广东人实现环游世界的美梦。它就是 2019 年底正式启用的南沙国际邮轮母港，是全国规模最大的邮轮母港综合体之一，也是南沙的全新城市地标。2017 年 7 月正式开工，历时两年，2019 年 10 月开启了“试靠船”，2019 年 11 月 17 日开港

▼ 南沙港

运营暨首航，极大方便了粤港澳大湾区居民体验邮轮出游。航站楼总高七层，包括地上五层和地下两层，其中，公交站场在首层架空层连接地铁站通道，是国内唯一一个无缝连接地铁的邮轮母港。不仅如此，它还可停靠目前在建的全球最大豪华邮轮，这意味着它能最大限度地为未来探索、引进以及开辟航线，为广州邮轮深入开拓国际市场提供可能。如此一来，南沙国际邮轮母港将成为走向世界的“海上国际门户”，与深圳、香港共同打造世界级港口群，成为粤港澳大湾区枢纽性港口。

趁着这便利的交通，何不赶紧搭乘地铁前往一饱眼福？广州南沙国际邮轮母港气宇非凡的航站楼建筑造型，灵感源于飞跃而起的鲸鱼，以“鲸舟”立意，建筑外立面灵感源于南沙非物质文化遗产“香云纱”，传达自由非线性的建筑外观理念。大型邮轮码头、航站楼、一线海景住宅、高端写字楼浑然天成，组成一个大型城市建筑综合体。

在该项目的打造过程中，广田集团方特幕墙团队巧妙地运用了玻璃和铝板装饰材料，不仅保证了外表美观大方，还具有抗腐蚀、防水、抗紫外线等优势；顶部幕墙的做法创造出简洁现代、富有标志性的建筑形象；外立面上以铝板为主材，由深灰、灰、亮白等不同色彩构成不同的肌理，形成丰富而又具有活力的立面层次，彰显前沿、科技感。置身其中，无不为其独特的科技感与未来感设计震撼不已。

南沙母港，不仅是游客们梦的起航地，更将满载着广州甚至广东的希望驶向世界，创造崭新的未来！

▶ 南沙港

23. 珠江夜游

珠江夜游，即“珠水夜韵”，作为广州“羊城八景”之一，是广州旅游一张靓丽的名片，一江珠水可读广州上下两千年，在百年码头上见证现代商都风华容貌。倘若不游珠江沿岸的文化史迹，可以说，就未曾真正游览广州。

珠江沿岸的文化史迹既可日游，又可夜游，由西向东，沿着“珠江走廊”可观赏到丽日蓝天下的秀丽景色和夜晚两岸灯光璀璨的动人美景。不妨让我们沿着珠江两岸一路寻去，去追寻广州悠久的历史以及新潮的文化，阅尽广州说不尽的文化风情。

珠江是广州的母亲河。“珠江”之名来源于“海珠石”。关于海珠石，有一说是由江水常年冲刷一巨大石岛而成。但也许是珠江的风光绮丽醉人，毕竟自宋代至今历代的“羊城八景”都少不了珠江的景致，如“珠江秋色”“鹅潭夜月”“珠江晴澜”“珠水晴波”等，以至于“海珠石”有另一说是由路经广州的波斯商人掉落的“摩尼珠”幻化而来。究竟是怎样的美景会让人们禁不住赋予其如此美好的幻想?

从 1993 年开始，广州市政府将珠江规划为风景游览河段，经过多年整理，减污截污、挖深河道、整饰两岸、规划景观等工程建设，珠江的景观长廊逐渐形成，江水日益清澈，两岸琼楼玉宇林立，高楼大厦鳞次栉比，并逐步建成“珠江彩虹”工程。珠江北岸为灯饰观赏区，临江 8 层以上的高楼饰以彩灯和射灯，于人行道树木间建 180 个双面透光、整齐划一的广告牌，中间间以木棉花造型的灯饰。

▼ 珠江夜景

入夜，华灯初上，珠江两岸万家灯火，流光溢彩，华丽辉煌，各式各样五光十色的霓虹灯饰绚丽夺目，将一派新时代岭南文化的风采，表露得淋漓尽致。

然而，站在江岸边无论如何极目远眺也只能欣赏到珠江美景的一面。珠江不甘于只向你展示其中一面，也不甘于只展示其静谧之美，它盼望着用清新的江风、用徐徐而过的两岸美景，调动你全部感官来感受其动态之美。

搭乘穿梭于珠江的豪华游船，从广州的大沙头码头或天字码头起航，可以看尽珠江沿岸诸多风光，如珠江河上的 11 座桥：人民桥、海珠桥、海印桥、洛溪大桥、珠江大桥、广州大桥，还有新建的解放桥、江湾大桥、华南大桥、鹤洞大桥和猎德大桥。珠江两岸更是星级宾馆、商厦林立：白天鹅宾馆、华厦大酒店、南方大厦、爱群大厦、广州宾馆、广信江湾大酒店直耸云天。夜晚，两岸灯火璀璨，明月高悬，珠江上的游船载着游客自西向东，轻泛珠江水，共奏欢乐曲。人坐在船上，仿佛灵魂飞荡在空中，寻觅江岸边颗颗宝石——在白鹅潭看过了昔日“羊城八景”之鹅潭夜月，徜徉过沙面的万国建筑群，绕过了二沙岛，再去往南岸的半岛花园里悠闲地喝一杯茶，不远处中山大学北门的牌楼气势恢宏，让人情不自禁地缅怀起一代伟人的风采，而不知不觉中，星海音乐厅里传来悠扬的乐声……

游船渐行渐缓，准备靠岸，珠江夜游的短暂旅程就要结束，然而广州的历史与风华却萦绕在心间久久不能散去。美好的广州之行，才刚刚开始！

▼ 珠江夜游

24. 广州马拉松

广州马拉松赛（简称“广马”）是广州一年一度的国际体育盛会。无论广州本地人，还是在广州工作生活的外地人，抑或是从外地甚至外国赶来的马拉松爱好者，无不为每年的广马赛事兴奋沸腾。2018 年广马参赛人数甚至接近 10 万人，吸引了来自 48 个国家和地区的选手参赛。

▲ 冲刺广马

这不仅仅因为广马是中国高水平的马拉松赛，让参赛者兴奋非常的更有广马风景迷人的赛道。从 2013 年起，广马赛道主要沿珠江两岸设置，集中展示了珠江两岸最具岭南特色的人文风情、最具羊城历史风貌的风景名胜、最具时尚气息的文化潮流，被国际田联认为是当今世界马拉松赛最美赛道之一。比赛路线贯穿了广州的“老四区”，集中展现了近十年来广州出现的众多标志性建筑物。整条东风路见证了 20 世纪 90 年代广州拓宽旧城起步阶段的种种大手笔，当时，东风东路首先出现的高楼大厦和中高档小区让人印象深刻；而在天河区的珠江新城除了有西塔等地标，还有多栋高层住宅和高档写字楼，这些近五年来出现的建筑都值得一看。而在琶洲地段还有全亚洲最大的会展中心，会展中心附近的磨碟沙公园和会展公园等，也不容错过。

广州市规划院还规划了 8 条经典市内畅跑路线，跑步爱好者可去一探究竟。

▼ 在优美珠江岸边开展广州马拉松赛

25. 百年“船说”珠江红船

珠江夜游不但是广州旅游的一大看点，更是广州人喜爱的夜生活之一。而近年新增添的一条游船——红船，更是不容错过。珠江红船是位于广州珠江的一个全新旅游项目，它源于广州市政协的提案，是广州市推动“文商旅结合”、打造城市旅游文化名片、探索旅游剧场、发展文化产业的重点项目。

红船不仅仅是目前珠江最大的游船，它的建筑设计更是别具一格。远远望去，珠江红船犹如一座神秘的岭南建筑屹立在珠江之上。船头借鉴了1937—1967年“广州第一高楼”爱群大厦的建筑元素；船身一侧则是彩色的满洲窗，包含了北京路、恩宁路的骑楼元素，以及参考了西关大屋趟栊门的设计特点；船尾则采用陈家祠和佛山祖庙的设计风格。从船头至船尾，珠江红船所代表的，是精雕细刻、古朴雅致的岭南古建筑艺术，承载着不同时代的广州记忆。

然而，当你还在记忆中独自沉醉于它的历史风华，它已然开口“唱”出了它的故事——《船说》。《船说》讲述的是发生在百年前红船戏班的一个感人肺腑的故事。

在说书人的引领下，观众可穿越到百年前，看着西关小姐、小生秋哥、粤剧花旦、红船弟子在珠江红船上悉数登场，通过声光电和机械设备，在一片惊叹声中欣赏执着励志的戏剧人生和催人泪下的情感故事。

说到这里，我们不难发现，红船其实是粤剧的象征——清末民初是粤剧最繁盛的年代，而当时的粤剧戏班以红船作为交通工具，在珠三角水域游走四乡，靠岸演出，场面极其繁盛。然而在红船之上，粤剧不再只专属于“老广们”，它以独特创新的形式突破传统的桎梏，为粤剧注入崭新的灵魂。

珠江红船舞台打破固定舞台、固定视点的传统舞台模式，红船内 4 个观演空间可移动转换、交换互置、封闭开放，而且能在观众不经意间合并成足以容纳 200 人的梦幻空间。移动马道、海盗船等观赏区，均可让人们零距离地接近舞台，大大增强观演的互动性和趣味性。这样的舞台设计让观众置身其中，与近在咫尺的主人公同呼吸、共命运。随着故事的推进，四条故事线索交叉发展，舞台升降，隔段打开，四个舞台空间合而为一，红船故事被推至高潮，让人如痴如醉。

这 40 分钟的演出让观众们回味着百年前的戏班故事，同时欣赏着窗外流光溢彩的珠江夜景，在虚实变幻中体验时光荏苒、城市变迁。

26. 一桥一景，无限风光在珠江

广州，因水得城，依水而建，从云山珠水到沧海桑田，无论对于“老广”还是“新广”，那一江自西向东穿城而过的珠江水，是每天最为熟悉的风景。

与之相伴的还有那一座座历史与现代感交替的大桥，不仅方便了珠江两岸来来往往的人们，也承载了广州这座千年商都的沧桑历史，与两岸的夜色相结合，构成了独特的珠江美景。

广州解放前，珠江上只有一座桥——海珠桥，到今天，广州一共有18 座过江大桥：金沙洲大桥、珠江大桥、人民桥、解放桥、海珠桥、江湾大桥、海印桥、广州大桥、猎德大桥、华南大桥、琶洲大桥、东圃大桥、黄埔大桥；南段分支上有鹤洞大桥、丫髻沙大桥、洛溪大桥、新光大桥、番禺大桥，许多老广都不能全部数出来。其中，珠江中段从人民桥到琶洲大桥这 9 座桥，依次走完，长达 32 千米，是跑步爱好者必经之地，跑团里，不时有人发起号召“跑 9 桥了”；而猎德大桥，也成为广州马拉松的必经之地。

海珠桥

1933年前，400多米宽的珠江上是没有一座桥的，广州市民要过江，要从天字码头搭船，给疍民一分钱，就可以乘舟过江。江面辽阔，广州人称过江为“过海”，若遇到大风大雨，很危险，一艘艘渔船，就这样为两岸人民搭起了桥梁。所以那时就有“宁要河北一张床，不要河南一间房”之说，说到底，就是因为从河南到市中心的河北，交通极不方便。

1933年，珠江上终于建造起第一座桥——海珠桥，这在当时，简直是盛事。这座桥是德国人设计、美国人建造，用的是英国材料，典型的国际桥，当有船只通过时，桥身可以从中间分开拉高，通过后，桥身闭合。

当年，广州市政府为海珠桥举行了别开生面的开通典礼。带领市民过桥的是14位90岁以上的老人，其中年纪最大的是105岁。在他们的带领下，众人高呼口号，从河北一端步行过桥。

这座古老的桥也经受过风雨的洗礼。1938年，日军入侵这座城市，整套开合机器被他们运到日本。到了1949年10月，国民党撤退之时，用了100箱炸药，将海珠桥炸毁。新中国成立后，大桥修复开工，再次为市民提供了方便。对于老一辈广州人来说，这不仅仅是一座桥，更是承载了他们的情感和记忆。

现在的海珠桥，不光方便了两岸市民出行，更是拍日出的好场所。

▼ 海珠桥

人民桥

人民桥是广州市区第二座横跨珠江的公路桥，1967 年建成，连接了荔湾区与海珠区的交通，至今也有 50 多年的历史了。它北起六二三路，与康王南路相连，是一座 3 孔预应力钢筋混凝土钢构桥，主桥长 182 米，宽 18 米。

50 多年来，人民桥交通日夜不停，不堪重负，伤痕累累，因此政府开展了人民桥历史文化环境艺术提升工程。在人民桥的主桥中墩外侧设立 4 座 34 平方米的观景平台和欧式桥头堡，该设计使人民桥与西堤、沙面等西式建筑风格相融。在西侧两岸桥头堡内还会设置两座垂直电梯，这是广州跨江桥首次设置垂直电梯，方便轮椅使用者和行动不便者上桥。同时，依托桥头堡而设计的新上桥楼梯，在建造设计上对市民的一些集体记忆作了人性化保留，如不少市民喜欢春季在人民桥西北头拍木棉花，新设计的上桥步梯专门采取了绕树而建的设计，保留了市民的记忆。

▼ 人民桥

广州大桥

广州大桥建成于 1985 年，全长 988.4 米。这座以广州城市名命名的大桥，连接北边新兴的天河区，经二沙岛与南边的海珠区相连，是广州第三座横跨珠江的大桥，所以原先称为“珠江第三桥”。

广州大桥下有匝道，直通四季如春、鸟语花香的二沙岛，以及代表文化先锋的广东美术馆和星海音乐厅，还有大桥附近江景豪宅。

2018 年 9 月 21 日，广州大桥新、旧桥“合二为一”，南北双向、10 车道通行，完成真正意义上的全线通车。新扩建成的广州大桥长度约 1000 米，极大缓解了广州大道交通拥堵的状况。

▲ 广州大桥

海印桥

海印桥于 1988 年建成，因为桥的北端有“羊城三石”之一的海印石，故名。大桥全长约 1130.75 米，北接东湖路，南接东晓路。最有特色的是，大桥为双塔单索面斜拉桥，全长 125 米、塔高 57.4 米，由 186 根钢索星形拉固，塔顶像两只“羊角”，寓意羊城，是当时亚洲最大的斜拉索桥。

海印桥上那上万条斜拉的钢丝，瞬间让桥身充满了魅力。夜晚的时候，海印桥又像两把巨大的竖琴，伴随着潺潺江水，奏响动听的乐章。海印桥的形状还有另一层寓意，象征着一艘双桅船在旭日东升时扬帆远征，这也代表着广州的形象。海印桥南，有广州目前最大的电器市场——海印电器城，还有广州著名的海鲜食府——西贡渔港。

说起海印桥，很多市民马上会想起那个太阳神的广告，当时的广告人利用海印桥的桥塔和缆索，构成企业的商标——上升的太阳，一时成为珠江上的景观标志，也成为一代人的广告记忆。

▼ 海印桥

▲ 解放大桥

解放桥

解放桥于1998年建成，是越秀区与海珠区的主要江上通道。解放桥建桥较晚，造型设计上已有很多现代元素，对于很多市民来说，记忆最深刻的就是桥上那3组如彩虹般跨过桥面的钢拱钢管。

解放桥左侧是海珠桥，两桥只相隔600米左右，所以这里也成了摄影者拍摄海珠桥的理想地点。这里还是拍摄日落的最佳地点，夕阳西下，金黄色的余晖铺在江两岸的建筑上，跳跃在一池碧水中，见此景，你定不由得拿起相机，按下快门。

▼ 解放大桥

江湾大桥

江湾大桥建成于 1998 年，全长 910 米，连接越秀区和海珠区，是内环路的跨江大桥之一。

在很多广州人眼中，江湾桥就像是东濠涌高架的延长线，只是一条高架路，而不是江湾桥本身。

江湾桥有着川流不息的车海，有着悠然自在的街坊，作为行人的我们可以在桥上找到属于自己的乐趣。这一带江面宽阔，两岸灯火明媚，为桥上看风景的人提供了绝美的画面，可以算是最“接地气”、最平民化的一座桥了。

▼ 江湾大桥

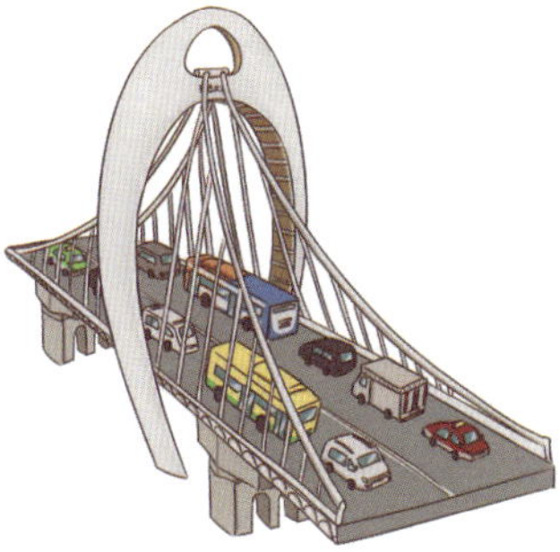

猎德大桥

2009 年，猎德大桥开通，方便了番禺居民与市区的联系。猎德大桥蕴含着珠江文化与曲线设计，就像珠江之贝，130 米的塔身，用两个白色的大贝壳来表现，简洁、流畅，设计感极强。猎德大桥现在已成为广州标志性的建筑。

猎德大桥还是“独塔自锚式悬索式”桥梁中的中国第一大桥，全球第二大桥，改写了广州没有悬索桥的历史。

猎德大桥的珠江之贝并非孤独地横跨在珠江之上，它与“小蛮腰”也形成强烈对比，一凸一凹，遥相呼应。它还串起了花城广场上的广州大剧院、广州图书馆等建筑，强化了珠江新城滨水空间的协调感。

猎德大桥自建成以后，也常常进入摄影爱好者的镜头。这里，也是拍摄广州夜景的绝佳地。

▼ 与“小蛮腰”相映成趣的猎德大桥

篇六

珠江文章

珠江文学的海洋意识，一千多年来得到了承传，正如“海上生明月”一样，一部又一部力作破浪而出。它的光芒在不断地向海外辐射，“天涯共此时”的情景也不断涌现。张九龄一千多年前的伟大预言，在岭南在珠江的今天，逐步得以实现。

第一章

歌咏珠江的诗文

1

“珠水烟波接海长”“珠江烟水碧濛濛”“我爱珠江好”……这条见证无数荣光的珠江，引得众多诗人竞折腰。穿越时光，让我们跟着古人优美的诗句畅游壮美的珠江。

雨后海珠登望

［明］黄佐

珠江烟水碧濛濛，锦石琪花不易逢。
三岛楼台开日月，二仪风雨动鱼龙。
浮云荏苒团秋扇，野树依微乱晚峰。
越女未知摇落早，轻舟何处采芙蓉。

作者简介：黄佐（1490—1566），明代广东香山县荔山（今属珠海）人，字才伯，号希斋，晚号泰泉 。

望珠江

［明］何吾驺

禾黍芊芊被，江泉日日流。
天清孤鹤远，海阔暮帆收。
物色兼吴楚，河山间女牛。
旧游怀鲍庾，尊酒白云楼。

作者简介：何吾驺（1581—1651），字龙友，号象冈，初字瑞虎，晚号闲足道人。香山（今广东中山）小榄人。明万历四十七年（1619年）进士，官少詹事。

约同人游拾翠洲

［明］袁崇焕

春风十里五羊城，拾翠洲前绿草生。
君若来时须并马，一樽同去听流莺。

作者简介：袁崇焕，广东东莞人，生于明万历十二年（1584 年），明末将领。

珠江春泛作

［清］屈大均

珠水烟波接海长，春潮微带落霞光。
黄鱼日作三江雨，白鹭天留一片霜。
洲爱琵琶风外语，沙怜茉莉月中香。
斑枝况复红无数，一棹依依此夕阳。

作者简介：屈大均（1630—1696），字翁山、介子，号莱圃，汉族，广东番禺人。明末清初著名学者、诗人，与陈恭尹、梁佩兰并称“岭南三大家”，有“广东徐霞客”的美称。

珠江杂咏四首（其二）

［清］胡会恩

我爱珠江好，天南接大洋。
山家蚝壁峙，海市蜑帆扬。
酒杂槟榔醉，茶匀茉莉香。
最宜新雨后，炎暑变清凉。

作者简介：胡会恩，字孟纶，号茗山，德清人。清康熙十五年（1676年）进士，官至刑部尚书，为官以勤慎称。诗有清腴之致。

珠江竹枝词

［清］谢圣纳

数里香生茉莉花，还闻洲上语琵琶。
游人都只怜颜色，贱买鱼虾贵买花。

作者简介：谢圣纳，字德沛，广东番禺市桥人。清乾隆举人，宜阳知县。

珠江夜泊

［清］黄任

五羊城下十洲通，楼阁宵涵蜃气空。
百越女牛星拱北，三门笳鼓水归东。
戈船潮暗琵琶月，珠寺沙香茉莉风。
回首可怜偏霸地，渔灯几点浸鲛宫。

作者简介：黄任（1683—1768），字于莘，又字莘田，因喜藏砚，自号十砚老人、十砚翁，清代著名诗人，藏砚家，永福（今福建永泰县）人。

夜泊珠江

［清］朱彝尊

潮涌牛栏外，舟停蜑户旁。
月高人不寐，隔浦是歌堂。

作者简介：朱彝（yí，音同“宜”）尊，字锡鬯（chàng，音同“畅”），号竹垞，又号醧（yù，音同“遇”）舫，晚号小长芦钓鱼师，别号金风亭长，浙江秀水（今浙江嘉兴市）人。清代词人、学者、藏书家，明代大学士朱国祚曾孙。与纳兰容若、陈维崧并称“清词三大家”。

珠江春泛

［清］薛起蛟

城边春水浸鱼梁，画鹢乘流入兴长。
花市人归喧古渡，梅矶香散罢浮觞。
芜生近岸潮痕绿，霞映前川夕照黄。
醉击空明忘去住，浪吟多是酒人狂。

作者简介：薛起蛟，字牟山、炎州、焗万，人称小薛。顺德人。

珠江月夜泛舟

［清］成鹫

生平湖海客，薄暮钓鱼船。
回首见孤月，严城夜悄然。
波摇江上寺，云净水中天。
一曲沧浪外，知音何处边。

作者简介：成鹫（1637—1722），清初广东肇庆鼎湖山庆云寺僧。又名光鹫，字迹删，号东樵山人。俗姓方，名觊恺，字麟趾，番禺（今属广东省）人。出身书香仕宦世家。其为人豪放倜傥，诗文亦卓厉痛快，尽去雕饰，颇有似庄子处。沈德潜誉其为诗僧第一。

第二章

文人雅士笔下的珠江游

2

古往今来，多少文人墨客为广州为珠江留下了诗意的痕迹。秦牧的《花城》、欧阳山的《三家巷》、关振东《夜游珠江》等，用不同的笔法将广州经典物景与文化、日常描绘得活灵活现、美不胜收。

广州依水而生、依水而兴，珠江是广州的立城之本、营城之源。古往今来，多少文人为广州为珠江留下了诗意的痕迹。现在我们再来聊聊文人墨客笔下的广州与珠江。

说到广州，就不得不提到它的另一别名——“花城”，而“花城”这一名字的由来我们可在秦牧的散文《花城》中找到答案。秦牧与广州之间最大的联系莫过于“花”，他可以说是广州花文化的当代传人。1961 年秦牧写下的散文《花城》成了外地人了解广州花市的重要依据。文章通过对广州每年除夕花市习俗的描写，将广州历来种花、赏花、爱花的传统写得美不胜收，热烈歌颂了广州人民的美好生活与爱美情怀，同时也使广州有了另一个美称——“花城”。之后秦牧还写下了两首关于花市的旧体诗，之一为“香街十里一城春，笑语喧声入彩门。疑是层峦采蜜使，幻成百万赏花人。”由此可见秦牧对广州花市的情有独钟。读秦牧的《花城》，就好像走进了一个色彩斑斓、辽阔深邃的大千世界，使人视野顿开，神思飞跃，在这花市中，人们感受到的不仅是生机盎然的春天气息，还有花市的动感。花市赏花，表现了人们对美的热爱，对生活的热爱。正如文章中所说：“你也不禁会想到各地的劳动人民共同创造历史文明的丰功伟绩。这里有来自福建的水仙，来自山东的牡丹……”花市的热闹非凡、花卉买卖的兴盛表明人们正乐于用花卉装点自己的幸福生活，享受美好生活的美丽和温馨。

▼ 荔枝湾涌

一说起文学作品中的广州记忆，很多人脑海中立马就会想起欧阳山。很多人认识广州，尤其是老广州，依凭的就是欧阳山的《三家巷》，欧阳山对于20世纪20年代广州生活与风情的描写，至今依然具有典范意义。他似乎是在不经意间把广州生活写活了，写美了，他在广州的历史画卷中，在动态的生活之中，为人们留下了广州20世纪20年代历史生活的永久底片。欧阳山书中的《从乞巧到端午节》《幸福的除夕》等章，将广州几个节庆的独特风情写至迷人的境界，将广州的地方特色与文化写得活灵活现、美不胜收。

陈残云《香飘四季》中《陶陶居茶楼》这一章节，既写出了广州和水乡人饮早茶的风情，又在“相睇”（相亲）的习俗中显现了时代的变化。

主要描写珠江的散文，更是佳作迭出，各领风骚。如曾炜的散文《海珠桥抒怀》，从中可以了解海珠桥的历史，比如它是1929年始建，由美国的慎昌洋行以103万两白银竞得，由马克顿公司施工，花了4年时间建成。经历了90余年的风雨，海珠桥已经成为广州风景不可缺少的一部分，成为与广州人民相依相伴的大铁桥，至今仍然承担着繁重的交通任务。一座桥就成了近现代广州历史的缩影。杜埃的散文《花尾渡》，以乘坐这种在西河上特有的客船（迄今已绝迹）航行的诗意，写出了珠江在新社会的风情。作品对花尾渡的描写也能激起老广州人的美好记忆，

▼ 花城

▲ 2019 年国庆时的广州夜景

正如书中写道："虽说已是严冬季节，南方的金阳，还是异常耀眼。透过金属格子的船窗望开去，如诗画一样的珠江景色，映现在眼帘——那高耸在河堤上的水松，挺立着的桉树，那永远是绿色的富饶的南方村庄。"而易巩的小说《珠江河上》，则写出了珠江在旧社会的沧桑。当你翻开华嘉的散文《荔枝湾的夏夜》，又会看到另一番风景，华嘉笔下的荔枝湾是一个非常市民化的、带有世俗享乐气息的荔枝湾："和同伴们下到一艘小游艇里去，围着一张小桌子坐下来，或者下象棋，或者打扑克……""这里不仅仅是一个游泳场，还是一个溜冰场，游乐场，舞厅，饭馆。每个星期日，不少人拖男带女的来这里休息。因此，这是一个很好的水上文化休息乐园。"华嘉的描写给读者留下了 20 世纪 50 年代珍贵的城市记忆。关振东的散文《夜游珠江》也同样唤醒了广州人美好的记忆，他以亲身旅游经历写出了新中国成立后"珠江夜月"在新时代的英姿。荔枝湾、白鹅潭和珠江石这些经典的景物都得到了书写，夏夜珠江的特点也得到了完美展现。

▼ 珠江红